产出导向法理论与实践研究丛书　　文秋芳 ◎ 主编

产出导向法指导下的名词化教学研究

A POA-based Study on the Instruction of Nominalization

陈浩　著

外语教学与研究出版社
FOREIGN LANGUAGE TEACHING AND RESEARCH PRESS
北京 BEIJING

图书在版编目（CIP）数据

产出导向法指导下的名词化教学研究 / 陈浩著. -- 北京 ：外语教学与研究
出版社，2023.12（2024.5 重印）
（产出导向法理论与实践研究丛书 / 文秋芳主编）
ISBN 978-7-5213-4909-2

I. ①产… II. ①陈… III. ①英语－教学研究 IV. ①H319.3

中国国家版本馆 CIP 数据核字（2023）第 225329 号

出 版 人　王　芳
项目策划　毕　争
项目负责　毕　争
责任编辑　毕　争
责任校对　陈　阳
封面设计　范晔文
出版发行　外语教学与研究出版社
社　　址　北京市西三环北路 19 号（100089）
网　　址　https://www.fltrp.com
印　　刷　北京九州迅驰传媒文化有限公司
开　　本　650×980　1/16
印　　张　13
版　　次　2023 年 12 月第 1 版 2024 年 5 月第 2 次印刷
书　　号　ISBN 978-7-5213-4909-2
定　　价　52.90 元

如有图书采购需求，图书内容或印刷装订等问题，侵权、盗版书籍等线索，请拨打以下电话或关注官方服务号：
客服电话：400 898 7008
官方服务号：微信搜索并关注公众号"外研社官方服务号"
外研社购书网址：https://fltrp.tmall.com

物料号：349090001

　　本书是北京外国语大学中国外语与教育研究中心承担的教育部人文社会科学重点研究基地重大项目："新发展阶段中国外语教育自主知识体系创新研究"（项目编号：22JJD740011）成果和北京外国语大学"双一流"建设重大标志性项目成果。

目　录

总　序

"产出导向法理论与实践研究丛书"在外语教学与研究出版社的大力支持下终于与广大读者见面了。作为产出导向法（Production-Oriented Approach，以下简称 POA）团队负责人，我的喜悦之情、感激之情难以言表。

POA 这一外语教育理论体系的创立，始于我在《外语界》先后刊发的两篇文章：《输出驱动假设与英语专业技能课程改革》（文秋芳 2008）和《输出驱动假设在大学英语教学中的应用：思考与建议》（文秋芳 2013）。POA 力图克服外语教育研究"碎片化""片面化"的弊端，以提高外语教育效率为宗旨，以立德树人、教师发展为终极目标；POA 集教学理念、教学假设和教学流程为一体，经多轮"学习借鉴—提出/修订理论—实践理论—反思阐释"循环，逐渐形成了比较完整的理论体系。该理论在逐步成型的过程中吸引了一批有志于实践并完善该体系的志同道合者。2013 年，我们成立了研究团队；2017 年，我们团队的成果"'产出导向法'研究：提高大学生英语应用能力的理论与实践创新"获得北京市高等教育教学成果奖一等奖。

回顾 POA 团队多年来的奋斗历程，我们相伴相随，坦诚相见，互相帮助，共同成长。浓浓的师生情、朋友情把我们联系得越来越紧密。我们在一起编教材，写教案，讨论教案实施，分析课堂教学效果；我们一起构思研究路径，撰写论文，修改论文；我们一起准备会议报告，互提建议，不断调整口头报告方案，反复修改 PPT。我们有争论、有探讨、有困惑、有迷茫、有焦虑，但更多的是成功和幸福。我一直在思考如何将 POA 理论发展和实践优化的过程以及经验与全国高校外语教师分享，于是萌发了出版 POA 丛书的想法。这个计划一经提出立刻得到外语教学与研究出版社的积极支持。

　　"产出导向法理论与实践研究丛书"包含 7 部专著，由 POA 研究团队 7 名核心成员撰写（见表 1）。文秋芳撰写的《产出导向法：中国外语教育理论创新探索》一书主要阐述了 POA 的过去、现在和将来，力图向读者展现 POA 理论逐步完善的全貌和未来发展。张文娟撰写的《产出导向法理论应用的行动研究》尝试将 POA 理论运用于大学英语教学实践，采用主动行动研究方法，分阶段探索 POA 的应用路径。邱琳撰写的《产出导向法促成活动设计》聚焦 POA 促成环节，解读促成的理论原则，展现促成实践方案，检验促成教学效果。孙曙光撰写的《产出导向法中师生合作评价》聚焦 POA 评价环节，阐释师生合作评价的实施原则，并呈现具体案例。毕争撰写的《产出导向法教材使用》以《新一代大学英语》教材为例，展示了三位大学英语教师使用 POA 教学材料的过程和效果，并探讨如何在课堂教学中有效地使用 POA 教学材料。陈浩撰写的《产出导向法指导下的名词化教学研究》将 POA 理论运用于学术英语的写作预备课程中，展现如何在 POA 教学方法指导下落实名词化教学的内容，为"如何教"名词化提供教学操作流程和路径。张伶俐撰写的《产出导向法在理工院校大学英语教学中的应用》基于《新一代大学英语》教材，将 POA 理论体系应用于大学英语教学中；通过开展两轮（四年）实证研究，多角度地探讨了 POA 理论的可行性和有效性。

表 1 "产出导向法理论与实践研究丛书"书目和作者

序号	中文书名	英文书名	作者
1	产出导向法：中国外语教育理论创新探索	Production-Oriented Approach: Developing a Theory of Foreign Language Education with Chinese Features	文秋芳
2	产出导向法理论应用的行动研究	Applying the Production-Oriented Approach to Practice: An Action Research Study	张文娟
3	产出导向法促成活动设计	Designing Enabling Activities in the Production-Oriented Approach	邱 琳

（待续）

（续表）

序号	中文书名	英文书名	作者
4	产出导向法中师生合作评价	Teacher-Student Collaborative Assessment in the Production-Oriented Approach	孙曙光
5	产出导向法教材使用	The Use of the Teaching Materials for the Production-Oriented Approach	毕 争
6	产出导向法指导下的名词化教学研究	A POA-based Study on the Instruction of Nominalization	陈 浩
7	产出导向法在理工院校大学英语教学中的应用	The Application of the POA to College English Teaching at a University of Science and Engineering	张伶俐

　　本套丛书的撰写原则主要有两条：第一，读者友好，内容易懂，文字简洁；第二，服务一线教师，考虑教情和学情，案例翔实，理据充分，步骤清楚，便于操作。我相信这套丛书能够为希望尝试 POA 的教师提供优质、丰富的教学资源和学术支撑。

　　这套丛书主要面向从事外语教学的广大一线教师，也可服务于立志开展教学研究的硕士生、博士生和教学研究者。从本质上说，所有一线教师都应该成为教学研究者。在这个意义上，本套丛书充分展现了教师实现双重身份（有效的课堂教学者和成功的教学研究者）的路径，即把自己的研究聚焦到课堂教学中来。

　　最后衷心感谢外语教学与研究出版社对本套丛书的出版给予的大力支持和帮助。

文秋芳

中国外语与教育研究中心

2020 年 4 月 20 日

前　言

　　2016—2020 年，我在北京外国语大学读博，师从"产出导向法"（Production-Oriented Approach，简称 POA）外语教学理论的创建者文秋芳教授。这段时间恰是 POA 理论体系日臻成熟的阶段，近两千个日日夜夜，见证了她在建构具有中国特色外语教育理论过程中坚定的意志，见证了她艰苦卓绝的努力。在一次次理论探讨、一次次国际会议、一次次教案实施、一次次课堂教学效果分析中，POA 理论体系日趋成熟，流程清晰，可操作性强，符合教学生态。作为一位学者，文老师具有强烈的社会责任感，她不断反思、不断自我挑战的智慧和勇气对我的研究价值取向产生了深远的影响，激励我把教学研究作为博士论文的研究方向，致力于解决中国外语教学中的现实问题，推动中国外语教学的发展。

　　作为来自教学一线的大学英语教师，我于 2014 年加入所在高校的大学英语高级模块课程建设改革团队，教授高级英语综合课程。该课程是学术英语写作的预备课程，旨在为学生进入学术英语写作课程做好准备。为此，在开展教学过程中必须抓住学术英语的主要特征。经过教学实践和文献阅读，我认识到名词化是学术语言和正式书面语体最基本的语言特征之一，具有标识语体、凝缩语义、衔接语篇等多项功能，掌握和运用名词化能够帮助二语学习者在学术和教育环境中取得成功。在正式研究之前，笔者于 2017 年 2 月至 6 月进行了基于 POA 的名词化教学先导研究，教学效果坚定了笔者的信心。因此，笔者选择将名词化教学理论建构与应用作为博士论文研究的对象。

　　教学研究之初，POA 已开始在通用英语、对外汉语和部分非英语语种的教学中得以应用，取得了良好的教学效果，但尚未应用于学术英语教学。名词化教学无先例可循，有三大难点。第一，要研读语言学领域的名词化理论研究成果，从中提炼出名词化教学的目标、教学要素，并将其转化为名词化语言教学理论。第二，要基于 POA 设计出具有精准性、渐进性和多样性的产出活动，在学术英语写作课程中落地和实施名词化教学。第三，国内外缺乏适合我国高校二语学习者语言水平、同时富含名词化的语言输入材料，需要笔者自行设计。当这三方面的困难叠加时，我感受到了巨大的压力。

为了应对研究中的多重困难，我在导师的指导下，采用辩证研究范式，通过多轮"学习借鉴—提出理论—实践理论—反思诠释"研究流程的循环，不断加深对英语名词化现象本质的理解与认知，调整名词化教学的要素，优化产出活动设计。先后经历了名词化句内教学研究和句间教学研究两个大的研究阶段，每个阶段分别包含两轮辩证研究，研究过程中在不同教学班级进行了研究设计的调整和优化，可谓殚精竭虑、孜孜不倦。其间，导师每两周在北外中国外语与教育研究中心的小白楼与我见一次面，为我的教研之路不断注入能量与动力。POA 研究团队的伙伴们也给了我诸多宝贵的建议、无私的帮助和支持。在这个过程中，有厘清文献、加深理论素养的欢欣，有思而不得、进度缓慢的惶恐，也有克服困难、获得教学成效的狂喜。

直至 2020 年 6 月，完成教学研究，回首来时路，我才后知后觉意识到自己完成了某种身份的转变。在工作岗位上，我仍然是一名高校语言教师，一切似乎跟以前一样，但一切又不一样了。相同之处在于，我依然热爱自己的语言课堂，享受与学生互动分享，以及思维碰撞的过程。不同之处在于，我仿佛能够时常"抽离"具体的教学情景，冷静地"观察"自己的教学活动，反思教学的效能，关注自身的教师发展。这是一种从"自发"到"自觉"的转变，赋予了我很多思想上的自由。正是基于 POA 的教学研究促发了这种转变，在不断克服"学用分离"弊端的过程中，我不仅成为一名 POA 熟手教师，也成长为一名教学研究者。

从我的教学研究经验和 POA 云共同体四年促研的经历来看，理解并应用 POA 绝非一件易事。当前全国大中小学校诸多一线教师均以

POA 为指导开展教学研究，但或多或少存在理论未"吃透"或生搬硬套的问题。很多研究只具备"驱动—促成—评价"教学流程的表面形式，缺乏 POA 内在的神韵。POA 主张在自然教学环境下，根据学情、教情设定合理的教学目标，有效地驱动学生的学习兴趣，把教学目标落实到具体、可分解的产出任务中，通过设计具有精准性、渐进性和多样性的产出任务，为学生提供牢固的语言学习脚手架，再通过教学评价予以巩固，达到学用结合的目的。上述教学理念和流程是个系统工程，对教师的教学能力和教学素养提出了较高要求，教师需要融会贯通，灵活实施。

一线教师具有丰富的教学经验，发现教学问题并不难。然而，从一线教师成长为教学研究者的道路艰辛且漫长。第一步，教师要能够识别出具有代表性和普遍性的"真问题"，通过文献阅读验证研究空白，围绕该问题提高相关语言学理论素养，把具体问题概念化、转变为教学研究选题；第二步，能够根据研究内容和教学目标，选择恰当的教学方法，正确理解该教学方法的精髓，忠实地予以实施，并能够在教学过程中采用科学的数据收集和分析方法，检验教学的效果；第三步，能够总结、提炼解决问题的过程，创造出新的知识，通过学术写作向学界共享研究成果，实现研究价值。

为了展现前述两大研究阶段，本书遵循了"产出导向法理论与实践研究丛书"的写作原则：读者友好，内容易懂，文字简洁，案例翔实，服务于一线教师。笔者期望呈现给读者在学术英语课程中基于 POA 开展教学研究的过程。虽然本书脱胎于我的博士学位论文，但在写作上颠覆了学位论文的写法，弱化了研究倾向，未逐一报告辩证研究范式下每轮教学研究"学习借鉴—提出理论—实践理论—反思诠释"不断迭代、优化的详细过程，而是首先呈现名词化教学理论与教学原则，之后报告每个研究阶段中"驱动""促成"和"评价"环节的设计、实施过程，以期为尝试应用 POA 的一线教师们提供优质的教学案例与学术支持。

全书共八章。第一章介绍研究背景，描述学术英语教学现状，总结学术英语的语言特征，并引入名词化的语言学研究成果。第二章介绍

POA 理论体系及应用，并论述 POA 运用于名词化教学的理据。第三章综述名词化研究与教学现状，呈现基于名词化教学目标、教学要素和产出活动三者之间相互作用关系的教学模型，并提出名词化教学的四个原则，为一线教师根据学情、教情应用教学模型提供指导。第四章报告基于 POA 的名词化教学研究设计，详解介绍研究背景、教学设计、数据收集与分析等内容。第五章和第六章详细呈现如何基于 POA 设计句内和句间的名词化驱动、促成、评价，具体示范教学活动组织方案。第七章报告名词化教学效果并对其进行讨论。第八章对名词化教学和 POA 理论应用进行了反思，并围绕名词化教学研究、基于 POA 的学术英语教学研究和学术英语写作教材编写三方面进行了展望。总之，本书示范了如何基于 POA 在学术英语写作课程中开展名词化教学与研究，不仅再次检验了这一具有中国特色的语言教学理论的有效性，也扩大了该教学理论的应用范围。

通过本书，我希望传递一种声音：本科阶段的高级英语课程仍然需要语言知识和语言技能教学。名词化教学在本科生的学术英语写作预备课程中受到了学生的肯定与欢迎，就充分证明了这一点。但高级英语学习阶段的语言课程应不同于基础英语学习阶段的课程，仅仅围绕一个单元主题，进行词汇讲解、句子结构分析、长难句翻译、篇章结构分析和主题概括远远不能满足大学生的认知发展和高阶语言知识学习需求。大学生所需要的语言课程应该是对英语某方面语言知识的系统总结，而不是零散的讲解。这类语言课程有益于整合学生碎片化和尚未形成体系的英语知识，加深他们对英语语言的理解和把握。例如在名词化教学中，笔者以名词化为核心，讲授了名词修饰语种类、英语语序、介词使用理据、英语关联词、复合句类型等多项语言知识。学生认为这种结合语言使用的系统教学能够使"语言变得有逻辑""有条理"，让他们"重新感受到了英语在大学课堂的重要性"，他们"对英语的兴趣回到了高中水平"。此类课程应该"学用结合"，与以学习学科知识为目标的专业英语课程或特殊用途的英语课程进行衔接，以培养学生的语言产出能力。在此方面，POA 大有可为。

　　本书能够顺利出版，衷心感谢我的导师文秋芳教授的一路引领与指导，她以行示范，循循善诱，让我有机会实现"仰望星空"的梦想。感谢 POA 团队的每一位成员，大家相伴相随，互相帮助，共同成长。感谢中国地质大学（武汉）的张伶俐教授，在本书的撰写过程中，她精心审读了各个章节，提出了诸多具有建设性的意见。感谢外语教学与研究出版社常小玲副总编辑和高英分社段长城副社长的支持，感谢外语教学与研究出版社王小雯老师对书稿的细致审读。书中不当和疏漏之处在所难免，恳请读者批评指正。

陈浩

北京工业大学

2023 年 6 月

第一章　研究背景

随着我国高等教育国际化的深入，英语作为学术交流和教学语言的趋势不断增强，学术英语教学与研究的规模和需求日益增长。《大学英语教学指南（2020 版）》明确指出，学生可以通过学习专门用途英语课程，获得在学术或职业领域进行交流的相关能力，满足专业学习、国际交流、继续深造、工作就业等方面的需要。在此背景下，诸多高校均开设学术英语课程，满足高等学校人才培养的需要。提升学术英语课程的教学质量，成为大学英语教学研究中的重要课题。

1.1　学术英语教学的现状与思考

在学术英语课程教学中，相对于学术阅读、听力和口语，学术写作教学备受关注，主要原因在于学术论文写作是科研人员和高校师生参与国际科研交流、展示最新科研成果最主要的方式。教授学术英语写作通常有"自上而下"和"自下而上"两种方法，即体裁教学法和基于语料库的教学法，其中体裁教学法占据了主导地位。

1.1.1　体裁教学法

体裁教学法是当前学术英语教学中使用最广泛的教学方法，属于"自上而下"的教学法。当前主要包括三个学派：以 Swales 为代表的 ESP 学派、以 Martin 为代表的悉尼学派以及以 Miller 为代表的北美新修辞学派。这三个学派都从社会文化观的视角出发，认同体裁由语篇所完成的社会行为或目的来定义；但前两个学派的研究以语言为取向，注重分析体裁的语篇结构和词汇语法特征，而新修辞学派以社会情境为取向，重点分析体裁所处的社会情境和社会实践活动中的特性（温植胜 2005）。

"ESP学派的体裁教学法可能是全世界影响最大的二语写作教学方法。"（Hyland 2003：22）Swales（1990：58）指出，学术体裁是"一类交际事件的表现形式。参与交际事件的成员共享一系列交际目的，为话语共同体中的专家成员所认同，这是形成体裁表现形式的理据，决定了语篇的图式结构，制约了内容和风格的选择"。他在专著《体裁分析：学术和研究环境下的英语》（*Genre Analysis: English in Academic and Research Settings*）中最早提出了采用语步分析（move analysis）以及组成每个语步的多个语阶（step）体裁分析模式，对学术论文的篇章组织进行了模型建构，在宏观层面确立了 IMRD（Introduction-Method-Results-Discussion）的篇章结构模式，在微观层面建立了前言部分总计三个语步的 CARS（Create A Research Space）模型。这激发了对各学科研究论文结构的诸多讨论。ESP体裁教学法重视学术和职业语篇群体的交际需求，教学对象定位在高等教育机构的本科生、研究生以及职业群体。主要教学步骤包括：1）确认语言使用的语境；2）在语境的基础上指定课程目标；3）关注语境中语言事件的顺序；4）按照事件顺序列出相应使用的体裁；5）列出学生参与语境需要的社会认知知识；6）收集并分析语篇范文；7）规划与体裁相关的教学单元并确定学习目标（Hyland 2007：155）。根据 ESP 体裁教学法，教师可以"指导学习者分析某种特定学术写作体裁所共享的交际目的，了解语篇结构、语言和修辞特点以及学术社团的规约，并最终让学习者在写作中使用得体的语言和语篇结构实现该体裁的交际目的"（曾祥敏等 2017：26）。

悉尼学派提出的体裁教学—学习循环（teaching-learning cycle）模式对应实际教学的需要，设计了可操作性强的教学步骤，该模式也是广泛应用的体裁教学法。该教学法包括五个步骤：1）确定语境，即展示某种特定体裁的功能和写作语境；2）体裁分析，即结合范文分析该体裁的特征和可能的变体；3）共建，即在教师的指导、支持下，学生完成体裁写作任务，实现语篇的功能；4）独立建构，即在教师的监控下，学生独立完成体裁写作任务；5）对比，即对比所学体裁与其他体裁，以及不同体裁的使用语境，以理解体裁所实现的特定社会目的（Hyland 2007：159）。在实际教学中，上述教学步骤可以反复循环进行，不断帮助学生掌握体裁。悉尼学派的体裁教学法"针对的是母语环境下的中小学生，对成年、二语学习者关注相对较少。其教学方法更适用于基本体裁（如记叙、描写、说明等）的教学，对学术体裁教学不太适用"（孙厌舒、王俊菊 2015：46）。

新修辞学派的代表 Miller（1984：163）认为"体裁处在变化、发展中，甚至会消失"，因此对体裁下定义时"不应着重于语篇的内容或形式，而应着重于语篇所发挥的社会行为"（同上：151）。该学派提出了体裁的社会认知理论框架，具体包括五个基本原则：体裁的动态性、体裁的情境性、体裁结构二重性、语篇社团成员对体裁的支配权、题材的形式与内容（Berkenkotter & Huckin 1995）。根据该理论框架，新修辞学派强调要根据语篇社区的社会认知需求、意识形态、世界观的变化对体裁研究进行调整，并随语篇所处的社会环境（例如科学技术的发展）进行相应变化。与前两个学派相比，新修辞学派在教学应用方面具有很大的局限性。其一是因为"新修辞学派一直强烈质疑外显性教学（即对体裁的宏观结构进行教学）的有效性"（温植胜 2005：50），在实际教学中，新修辞学派重视分析使用体裁的社会场景、主题、参与者和目的，对于体裁本身的内容及形式则不太强调（Charles & Pecorari 2016）。对语言学习者尤其是二语学习者而言，这种缺乏语言范例的学习效果不佳。其二是因为该学派报告的教学研究以个案研究为主，难以应用到大范围的教学实践中。

由于体裁教学法具有稳定的语步结构，易于操作，因此在我国高校的学术英语写作课程中得以广泛运用，尤以体裁知识为授课重点。"体裁教学包括文本语法模式的显性教学，但是语法被整合到对文本和语境的探讨中，而没有作为独立教学要素进行教授"（Hyland 2007：153），造成的结果是学生没有掌握学术写作的词汇语法特征，学术写作风格已经越来越不正式（辛积庆 2019）。曾蕾、尚康康（2018）认为，目前学生在学科知识学习过程中的语言问题似乎并未得到有效解决。曾建彬等（2013）认为各学科的英语语言都具有独特的词汇、句法、修辞和语篇特征，而这些知识是传统通用英语课程中所学习的语言共核部分没有覆盖的。因此，有必要进行专门和系统的学习，否则就会出现英语水平再高也无法进行专业交流的窘境。王春岩（2018）开展了不同英语水平学生对学术英语课程适应度的研究，结果表明在学术英语教学中，教师应该采用从微观语言知识到宏观体裁结构和学术认知过渡的方式，而不可盲目追求学科内容综述评价和创新。

1.1.2 基于语料库的教学法

基于语料库的教学法是一种"自下而上"的教学方法。"在基于语料库的学术英语教学中,语料得以广泛应用,在学生的语言学习中起直接作用和间接作用。在直接作用下,学生借助语料库数据学习学术语言的特点;在间接作用下,可将学术语料应用到各种教学材料中,例如词典和参照语法。"(Charles & Pecorari 2016:46)

基于语料库的教学建立在 Johns(1991)所提出的"语料驱动学习(data-driven learning)"假设上。该假设把学习者视为研究者,提倡通过语料库向学生提供大量真实语料,让学生在观察和探索语料的过程中,归纳总结出所要学习目标语言的特征。通过语料驱动学习模式,学生对语言进行深加工,有助于他们对语言的长期记忆和习得。在基于语料库的教学中,可以直接或间接利用语料(Charles & Pecorari 2016)。对语料库的直接应用,体现在运用语料库工具以不同方式对学术语料进行检索,得到某个词汇语法特征的大量语料证据,例如利用语料库的索引工具查询某个学术词语的搭配、主题陈述和文献引用方式等。对语料库的间接应用,体现在学术英语词典和教材的编写上。通过观察大量、重复性的语料,研究者可以在基于语言证据的基础上描写学术语言,这些成果可以成为编写学术教学材料和参考书籍的可靠来源,供学习者学习。对学习者产出语料的研究也是间接运用语料的重要方面。通过研究学习者语料,发现其中存在的问题,这对学术英语教学和教材编写都非常有益。

在国内,语料库驱动的教学主要通过对比本族语者和二语学习者学术文本中的语言特征,探讨相关差异对学术写作教学的启示;例如,中国学习者或学者与国际学者所使用的学术词块差异(李梦骁、刘永兵 2016;徐昉 2012),中国作者和本族语作者科技英文摘要中的显著性语言特征对比(曹雁、肖忠华 2015),二语学习者学位论文和国际期刊论文中的缩略形式、准情态动词和被动语态的对比(王丽、王楠 2017)。在此教学模式下,学者们把语料库视为有力的语言分析工具,倡导二语学习者要带有明确目标,通过观察语料的索引行,学习本族语者的学术语言特征。然而,语料库驱动的课堂教学难以大面积推广,且教学效率不高。第一,受语料库使用权限、技术条件等各种因素的限制,该教学模式难以大规模、系统性地在二语课堂中开展。第二,这种"自下而上"的教学模式需要较长的教学时间，在我国高校大学英语教学课时普遍缩减的情况下难以推广。第三，语料库驱动的学术英语教学往往建立在单个语言特征学习的基础上，不利于学生掌握学术英语语言特征的全貌。第四，该教学方法在具体操作时更强调语言输入，忽视语言产出，不利于学生掌握和应用学术英语。

1.1.3　当前学术写作教学存在的问题

体裁教学法和基于语料库的教学法都关注学术语篇结构、语言和修辞特点，分别通过自上而下和自下而上的模式进行教学。但在实际的学术写作课堂上，仍然存在一定的问题。

第一，这两种教学方法偏重于"教什么"，但对于一线教师"如何教"、如何在学术写作课堂上把教学内容落地，缺乏具体的指导。第二，对学术篇章结构、语步、语言特征等相关知识的讲解，由于脱离了具体的学术语境，容易导致学生忽略所使用学术体裁的社会场景和目的。第三，在教学实践层面，缺乏以可分解的产出任务为抓手和关于具体操作流程的指导。例如，很多高校的学术写作课程均要求学生以小组合作形式完成一篇学术论文，教师在写作过程中给予学生一定的指导，但由于没有将大的产出任务进行分解，教师的指导聚焦于选题、研究方法、逻辑论证等宏观层面，尤其缺乏对语言层面的微观指导。对于如何平衡宏观和微观层面的教学，一线教师存在问题和困惑。

鉴于当前学术英语教学中存在的上述三个问题，在二语教学环境下，应采用其他教学方法，与体裁教学法、基于语料库的教学法相互补充，予以解决。

1.2　学术英语语言特征

学术语言指的是在教育或学术环境下"教师和学生为获取新知识与技能，传播新信息，描绘抽象概念，培养学生概念理解能力而应用的语言"（Chamot & O'Malley 1994：40）。为了准确描述学术语言的特征、指导学术英语教学，Snow & Uccelli（2009：118）从四个维度对学术语言能力进行了划分，包括语言技能（linguistic skills）、体裁知识（genre mastery）、专业知识（disciplinary knowledge)、推理和论证策略（reasoning /argumentative strategies）。从学术语言的使用者和发展阶段进行划分，可以把学术语言分为学习者语类（也称"教学过程语类"）与学者语类（Charles & Pecorari 2016）。学习者语类指在学术教学过程中学习者使用的语类，包括研究生和本科生两个类别（Charles & Pecorari 2016：137），前者主要包括硕士和博士论文，后者涵盖本科生需要掌握的各类论说文和研究报告。学者语类是指由资深学者阅读和写作的语类（Charles & Pecorari 2016：122），主要包括专著、编著、学术期刊文章和综述文章。

作为学术语言能力的组成部分，学术写作能力相应涵盖了以上四个维度，专业知识、推理和论证策略需要以语言技能、体裁知识为载体来体现。具体来说，"二语作者首先需要有良好的语言功底，包括正确使用英语标点、词汇、句式的能力和保持语篇清晰、简洁、流畅的能力；其次，作者需要对学术体裁有所了解，包括专业词汇和正式语体的运用、引证引用及文献编辑格式、学者身份和学术声音构建等"（赵冠芳、吕云鹤 2019：70）。对学术写作主体而言，学习者和资深学者的学术写作内容不同，学术写作能力的培养需要从基本的学术写作内容开始，逐步过渡到高端学术写作内容。

"学术英语写作研究作为写作研究领域的一个重要分支，考察的对象主要是学术语篇与相关写作实践活动。"（徐昉 2015：95）学术语篇有独特的语言特征，例如名词结构、被动语态和非人称主语等。其中最为突出的语言特征之一是使用名词，尤其是带有前后置修饰语的名词短语（Alexander *et al.* 2008；Biber & Gray 2010；Charles & Pecorari 2016；Nesi & Gardner 2012）。Hyland（2006：13-14）指出"学术语体最明显的特征是正式程度高，主要通过高词汇密度、大量名词化表达和非人称结构实现"。韩礼德认为科学语言中最重要的语言特征就是名词化（韩礼德 2004/2015）。

Alexander *et. al*（2008：19）指出，学术语体最重要的特征就是使用名词短语指代复杂的思想、事物和过程。"书面语的世界是一个名词化的世界，具有很高的词汇密度和大量的语法隐喻"（韩礼德 2006/2015：97）。学术英语作为书面语体的一种，必然具有高词汇密度和大量语法隐喻。Hyland（2006：13）指出学术语体最明显的特征就是文本的正式程度高。这种正式性通过使用专业名词、非人称表达 (impersonal voice)，以及表达丰富意义的、少量词语来实现。学术英语的这些特征具体体现在三方面：高词汇密度 (high lexical density)、大量名词化 (high nominal style) 和非人称结构 (impersonal constructions)。

1) 高词汇密度通过把实词与介词、冠词和代词等表示语法关系的词汇一起连用，形成信息密集的学术文本，例如，"Investment in a rail facility implies a long-term commitment."。

2) 在名词化中，行为和事件通过名词表达复杂的现象，而不是句子中的动词。例如，将 "The train leaves at 5.00 p.m." 表达为 "The train's 5.00 p.m. departure"。把过程变为事物是表达科学观点的一种方式，因为科学就是展示事物之间的关系。

3) 学术文体要尽可能保持客观性，避免使用 "I" 作主语和表达主观感受，第一人称作主语的句子常换用为被动语态、it 作形式主语和表示抽象意义的词汇作主语，即用事物而非人表示能动者。例如：the solution was heated、it was possible to interview the subjects by phone 和 the data suggest、Table 2 shows 等。

学术英语的高词汇密度特征可以通过名词化来实现。"名词词组是一种意义生成的强大资源……名词词组拥有强大的语义发生力的原因在于它可以被无限地扩展，通过修饰的手段从词汇方面加以扩展：由一个名词作关键词，其他的词不仅都围绕着这个词进行组织，而且还有针对这个词的不同功能。"（韩礼德 2004/2015：62）当一致式变为非一致式即隐喻式时，在名词化的过程中语义被 "拆解 (unpacking)" 重新 "打包 (packing)"，构建出了 "想象物或臆造物"；这种臆造物不同于物质世界中的事物，它存在于交际者的心理世界，本质上比自然物抽象，更重要的是一旦获得 "物" 的性质，就可以被描述和评论，分析其属性，论述它与其他事物之间的关系 (Halliday & Matthiessen 1999)。在词汇语法层面表现为，句子的各个成分发生语法变化，成为名词的各种修饰手段，包括指示语、数量语、特征语、类别语或定性语等，大量语义成分被浓缩、凝练到短语中，从而大大增加了词汇密度。例如 (Webster 2004：55)：

The driver was driving the bus too rapidly down the hill, so the brakes failed. / The driver's overrapid downhill driving of the bus caused brake failure.

可以看到，当例句中动词 drive 名词化之后，各类句子成分 the driver、the bus、rapidly、down the hill 均转化为名词 driving 的各类修饰语，词汇密度大大增加，体现出信息的浓缩性和正式性。

学术英语的客观性特征也可以通过名词化来实现。当句子中相关成分名词化之后，自然而然成为各种非人称结构，而表示人和生物的主语会直接消失或成为名词的前后置修饰成分，整个句子由于直接"剥离"了人和生物的因素，不涉及情感和生命，而表现出较强的客观性。例如：

- If you fail to confirm, your reservation will be cancelled. / Failure to reconfirm will result in the cancellation of your reservation.
- Species evolve in order to adapt to each other as well as possible. / The goal of evolution is to optimize the mutual adaption of species.

这两个句子中的动词 fail 和 evolve 名词化之后均成为句子的主语，第一个句子的主语"you"消失，第二个句子中的"species"从主语的位置变换为非人称名词 goal 的后置修饰语，语体上显得正式和客观。

可见，上述学术英语的三方面的特征都可以通过名词化实现，掌握了名词化就可以在很大程度上实现学术英语的特征。Charles & Pecorari (2016：99) 指出，"名词化的作用非常重大，不仅有助于建构术语，达成简洁和抽象的文本，还能使文本衔接自然，表明作者的立场，帮助读者理解文章。因此学生非常有必要理解名词化的多个功能，多加阅读和写作具有高密度名词化表达的文本"。王立非、陈功 (2008) 通过语料库研究发现英语水平与名词化使用显著相关。李长忠、黄琪 (2008：52) 进行了语法隐喻与英语学习者议论文写作的相关性研究，结果表明中国英语学习者作文质量与语法隐喻能力密切相关，作文质量与概念语法隐喻和语篇语法隐喻能力呈正相关；词汇密度与作文质量呈正相关；语法隐喻能力可以揭示英语学习者的作文质量，语法隐喻能力的培养有利于提高作文质量。该研究证实了掌握概念隐喻对于学术英语写作的作用。

1.3　名词化语言学研究成果向教学成果的转化

人类个体语言的发展轨迹就是从普遍意义到特殊意义，从开始的概括，发展到抽象，之后就是隐喻，由此进入学习专业知识的关键期（韩礼德 2004/2015）。研究表明，语法隐喻是成人语言的基本特征，广泛应用于公文、科学和学术语篇（Halliday 1985a）。"语法隐喻确实是书面语言的核心特征，在仅由少数人掌握的科学语篇和学术语篇中尤为突出。"（Ravelli 2003：49），"名词化是最有效的创造语法隐喻的方式"（Halliday & Matthiessen 2014：729），它不仅是一种语言形式，也是人类认识世界强有力的抽象思维工具。

名词化是人类语言进化的必然产物，也是个体语言发展高级阶段中必然出现的语言特征，所以该现象早已引起不同语言学派的关注，在多个学派的语言研究中占据一席之地。分析句法、转换生成语言学、系统功能语言学、认知语言学、批评话语分析领域的学者先后对英语名词化现象进行了不同侧重点的研究，涉及名词化的成因、分类、功能，名词化过程中的变化、哲学意义等，取得了丰硕的研究成果。

在上述学派中，系统功能语言学派的语法隐喻理论历经三十年的发展，广泛吸收各学派的研究成果，逐步趋于成熟。Halliday 等学者采用语言进化论和社会建构主义的视角，不仅研究名词化的词汇语法特征，也研究名词化的社会属性和认知功能，对名词化语法隐喻理论做了全面阐述，研究具有系统性和前瞻性。许多研究者还对 Halliday 的研究模式进行扩展，引入新的语法隐喻分类，研究语法隐喻与意识形态、语域的关系（张德禄、董娟 2014），以及名词化语法隐喻的语篇衔接功能（Halliday & Matthiessen 2004；Martin 1992；朱永生、严世清 2011）。

理论建构的目的是为了应用理论（Halliday *et al.* 1964：137）。Halliday（1985a，1994）在《功能语法导论》（*An Introduction to Functional Grammar*）

的前言中提到了语言学理论的二十多种应用，其中之一就是帮助人们学习外语。"Halliday 创立的系统功能语言学起始就朝着'适用语言学'的方向努力，把理论作为解决问题的手段，目的是发展一种语言学方法和语言学模式把语言学与日常行动和任务联系起来"（辛志英、黄国文 2012：65）。

语法隐喻的语言学研究已取得丰硕的成果，为将名词化研究成果运用到语言教学中创造了机会。诸多研究已表明，名词化语法隐喻是外语学习中的难点（范文芳 1999；李杰 2016；孙承荣、宋德生 2008；杨晓英、何丽 2006）。然而，前述成果并未有效地转化成教学研究成果，应用到学术语言的教学中。主要原因在于，名词化语法隐喻作为抽象的语言现象理论性和专业性太强，一线外语教师难以看懂，更提不上把研究成果运用到教学实践中，非常不利于普及和推广名词化理论研究的成果。

应用语言学领域的学者应立足于研究专长，具备强烈的研究成果转化意识和社会责任心，及时把语言学研究的成果转化、普及到外语教学和研究中，为人类知识的传播贡献力量。基于这一动机，笔者有意愿搭建名词化语言学理论研究成果和成果应用之间的桥梁，将该领域的理论研究成果应用到语言教学中，助益二语学习者掌握学术语篇、科学语篇中的书面语言，为他们进一步运用英语学习和表达专业知识做好语言储备。

第二章 POA 理论体系及应用

    没有任何一种教学方法是万能的。开展成功教学研究的前提是根据教学研究的目标和对象选择适切的教学方法。本章首先介绍产出导向法理论体系，详细阐述该教学理论的教学理念、教学假设和教学流程，并说明实施"驱动—促成—评价"教学流程的重点，之后阐明将产出导向法运用到名词化教学研究中的理据。

2.1 POA 理论体系

    "产出导向法"（Production-Oriented Approach，简称 POA）由文秋芳教授带领中国外语与教育研究团队创建，旨在克服中国外语教学中"学用分离"的弊端。"POA 继承了古代《学记》中优良的教育传统，借鉴了国外外语教学理论，体现了唯物辩证法基本理念，强调学中用，用中学，边学边用，边用边学，学用无缝对接。"（文秋芳 2018a：387）POA 理论体系历经十多年发展，进行了多次理论修订，其中第五次修订的理论框架见图 2.1：

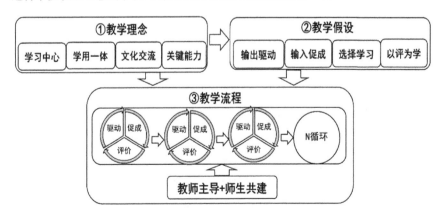

图 2.1　2018 年修订的 POA 理论体系（文秋芳 2018a：387）

POA 理论体系由教学理念、教学假设、教学流程三部分组成。这三部分的关系如下（文秋芳 2018a：392）：

> 教学理念起着指南针的作用，决定着教学假设、教学流程的方向和行动的目标；教学假设受到教学理念的制约，同时也是决定教学流程的理论依据，是教学流程检验的对象；教学流程一方面要充分体现教学理念和教学假设，另一方面作为实践为检验教学假设的有效性提供实证依据。

2.1.1　教学理念

教学理念包含学习中心说、学用一体说、文化交流说和关键能力说。"学习中心说"主张在课堂教学中"教师主导，学生主体"，一切教学活动都要服务于有效学习的发生，"强调一切教学活动都是为了'学习'发生。只要学生学有所获，学有所成，至于谁是中心，这是表象，并不是教育的本质"（文秋芳 2018a：393）。在设计每一个教学环节或任务时，POA"首要关注的是学生能学到什么，而不是简单地考查谁在课堂上说话，谁在发挥主导作用"（文秋芳 2015：549）。在"学用一体说"中，"学"指的是输入性学习，包括听和读；"用"指的是"产出"，包括说、写与口笔译。该假设"主张边学边用，学中用，用中学，学用结合"，即"提倡输入性学习和产出性运用紧密结合，两者之间有机联动，无明显时间间隔"（文秋芳 2015：550）。在课堂教学中，一切语言学习活动都与语言运用紧密相连，要做到学与用无边界、学与用融为一体。"文化交流说"强调在选择教学内容时，要"遵循文化交流互鉴的理念，提倡不同民族互相尊重彼此文化，互相学习对方文化的精华，反对霸权主义和文化歧视"（文秋芳 2020：46）。"关键能力说"认为"外语课程不仅要实现提高学生英语综合运用能力的工具性目标，而且要达成高等教育的人文性目标，例如提高学生的思辨能力、自主学习能力和综合文化素养等"（文秋芳 2015：550）。在具体实施 POA 时，要注重 POA 培养目标的可测性。

2.1.2 教学假设

POA 提出了四个教学假设，包括输出驱动、输入促成、选择学习和以评为学。"输出驱动"主张"产出既是语言学习的驱动力，又是语言学习的目标"，换言之，"教学中以产出任务作为教学起点"（文秋芳 2015：551）。该假设是二语教学假设，逆转了"先输入后输出"的传统教学顺序，"让学习者先尝试输出，使自己意识到产出的困难，然后教师针对产出目标和学生产出困难提供相关输入，帮助学生有效地吸收、消化和运用后续提供的相关输入"，目的是"有意创造'饥饿感'，激发学生学习欲望"（文秋芳 2018a：395）。"输入促成"指"输入要为明确的产出目标服务。课堂教学中，在输出驱动后，一定要有相应的输入与输出任务精准对接，有效促成输出的顺利完成"（文秋芳 2018a：395）。换言之，输入应该具有针对性、可学性和促成性。

"选择学习"指的是"根据产出需要，从输入材料中挑选出有用的部分进行深度加工、练习和记忆"（文秋芳 2015：552）。该假设认为，"以目标为导向的重点学习比'全面精学'的效率高，提倡根据产出目标的需要，从输入中选择学习所需要的语言、内容和话语结构，对产出不急需的输入材料可以降低要求，例如，只要求理解，不要求产出，甚至不学"（文秋芳 2018a：395）。"以评为学"认为"课堂教学中'评学结合'比'评学分离'能够取得更好的教学效果。评与学或者评与教应该有机结合，评价是学生学习强化和升华的关键节点，教师必须将此列为教学循环链中必不可少的环节。外语教学中，评价相当于后期管理，最接近学习成功的终点，需要教师付出更多努力"（文秋芳 2018a：395）。

2.1.3 教学流程

POA 教学流程包含由驱动—促成—评价组成的若干循环链。在教学实践中，大的产出目标需分解为若干小的产出目标，它们之间既有前后逻辑关系，但又各自相对独立，"随着若干驱动—促成—评价循环的顺利完成，对应的小产出目标也相继实现，最终大产出目标的实现就水到渠成"（文秋芳 2018a：395-396）。

（1）驱动环节

"驱动环节的主要任务是通过产出使学生认识到自己的不足，从而调动他们的学习积极性，刺激学习欲望。"（文秋芳 2018a：396）该环节包括三个教学步骤（文秋芳 2015：553）：1）教师呈现交际场景；2）学生尝试产出；3）教师说明教学目标和产出任务。其中第一个步骤是实施 POA 最有创意，也是非常有挑战性的一步。该步骤把语言学习设置在交际场景中，有益于建立学生的语用和语体意识，增强学以致用的效果。评估驱动环节质量的指标有三个：交际真实性、认知挑战性和产出目标恰当性：

> 交际真实性指的是所设计的产出任务一定是现在或未来可能发生的交际活动。认知挑战性指的是所设计的产出任务一方面要能够增加学生的新知识，另一方面要能够拓展学生的思辨能力。产出目标恰当性指的是要求学生尝试产出的任务应符合学生的语言水平，不要让学生感到新任务难度太大，无法完成，否则驱动不仅无法激发学生的学习兴趣，反而起到副作用，即降低学生的动机强度。（文秋芳 2018a：396）

为了保障驱动环节的教学质量，POA 教学法明确了产出场景四要素，即话题、目的、身份、场合，这四个要素共同形成一个具体的交际场景（文秋芳、孙曙光 2020）。具体如图 2.2 所示：

图 2.2　场景要素示意图（文秋芳、孙曙光 2020：7）

在设定驱动场景时，教师首先要明确交际场景中的产出内容，即交际话题。交际话题要贴近学生的生活，具备一定的时代性、知识性与趣味性。如果学生熟知与话题相关的百科知识，就不仅有话可说，而且有意愿说。其次，要明晰交际目的，以便学生采用恰当的话语策略和表述方式，实现交际目标。再次，说明交际双方的身份关系，促使学生基于交际双方的心理距离和社会距离，选择并运用相应的言语表达。最后，描述交际场合，说明正式和非正式性，以便学生在交际中采用相应的语体进行表达。

在驱动环节，教师要说明教学目标和产出任务。教学目标一般分为两类，第一类为交际目标，即能完成何种交际任务；第二类为语言目标，即需要掌握不同层面的语言知识和语篇结构。所列出的语言目标一定要能为交际目标服务（文秋芳 2015）。

（2）促成环节

"促成"环节是 POA 教学流程中的核心部分，主要任务是要"帮助学生逢山开路、遇水架桥，有针对性地为学生完成产出任务提供脚手架"（文秋芳 2018a：396）。成功完成一项产出任务，同时需要内容、语言表达形式和话语结构方面的支持。POA 通常从内容开始，给予学生产出内容方面的帮助，为语言表达形式的学习和产出做好准备。第二步是语言表达形式的学习，学习内容包括能够为产出任务服务的单词、短语和句型。第三步是提取完成产出任务所需要的话语结构。"POA 建议采用学生或教师模仿学生完成的优秀作品作为提取话语结构的输入材料，因为英语本族语者撰写的文章或者口头发言材料一般比较长，学生不易模仿。"（文秋芳 2015：555）学生获得起步阶段的话语结构促成之后，再鼓励学生运用富有个性特征的话语结构表达自我。

在促成环节，"教师的脚手架作用最为明显"（文秋芳 2015：555）。一方面教师要在充分了解学情的基础上决定提供帮助的程度，帮助过多，不利于培养学生的学习自主性；帮助不足，学习效率受限。另一方面，教师要根据学情及时调整，有意识地逐步降低脚手架作用，逐步提高学生的学习责任感。

衡量促成环节质量的指标有三个：精准性、渐进性和多样性：

精准性指促成活动一要对准预先设立的产出目标，二要对准学生产出中的困难。渐进性指促成活动沿着语言和技能两个相互联系的维度循序渐进。多样性涵盖三方面：信息传递渠道、交际类型和活动组织方式。多样性的促成活动能使课堂教学丰富多彩，让学生交替使用大脑的不同加工机制，以提高学习效率。（文秋芳 2018a：396）

邱琳（2019a，2020）开展了 POA 促成活动设计的研究，提炼了精准性、渐进性和多样性三个标准的落实途径，界定了三个标准之间的关系，探究了影响促成活动发挥效用的因素，补充和完善了促成理论框架。详见图 2.3。

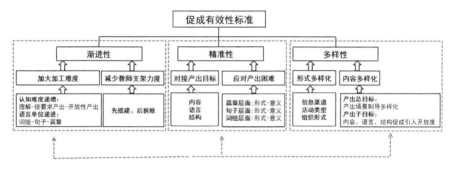

图 2.3 "渐进性""精准性"与"多样性"的统筹（邱琳 2020：143）

为了实现促成活动设计的有效性，三个标准缺一不可，必须有机融合，综合发挥作用。其中"精准性"是首要的，对"渐进性"具有制约作用。"如果促成的对象不能服务于产出目标，对克服学生产出困难无济于事，那么促成'活动链'再怎么循序渐进都是无效的促成。缺乏精准性，促成终究没有对准'靶子'，促成也就失去了方向。"（邱琳 2020：141）"渐进性"也会反过来影响"精准性"。设计促成活动时，只能逐步加大活动的难度，逐渐减少教师支架力度，如果"促成步子迈得太大，课堂知识无法内化为学生产出性能力，促成效果就无法保证，学生难以达成产出目标"（邱琳 2020：142）。"多样性"也影响着"精准性"，如果信息渠道单一、活动类型单调、组织形式缺乏丰富性，则难以调动学生参与促成活动的兴趣和积极性。如果促成内容缺乏多样性，会引发"产出同质化问题"，因此要"激发学生采纳多样性观点、个体性表达和差异性篇章结构，鼓励学生的个体性和自主性"（邱琳 2020：142）。总之，在促成教学设计环节，要统筹落实三个促成标准，形成合力。

（3）评价环节

"评价"是 POA 必不可少的教学环节，可以对促成活动进行即时评价，也可以对产出成果进行即时或延时评价。"所谓即时评价，就是在教学过程中对学生产出随时做出评价；延时评价，指的是学生课下完成产出任务、提交口笔头产品后再进行评价。"（文秋芳 2018a：396）POA 提倡多种方式的评价，重点提出了"师生合作共评"（Teacher-Student Collaborative Assessment，简称 TSCA）作为教师评价、学生自评、同伴互评和机器评价的补充。评价对象是学生课外完成的书面和口头产出内容。TSCA"强调学生评价必须有教师的专业指导，同时每次评估必须重点突出，抓主要矛盾，使评价成为复习、巩固、强化新学知识的机会，进而使学习发生质变和飞跃"（文秋芳 2018a：397）。

师生合作评价有三个显著特点：

> 第一，从评价主体看，TSCA 不是教师和其他主体的简单叠加，而是课前教师对典型样本进行详批，然后课内学生之间合作、教师和学生合作共同评价典型样本。第二，评价内容不仅包括产品本身的质量，而且包括教学目标的达成情况。第三，TSCA 不局限于课内师生合作评价，学生在共同学习如何进行有效评价的基础上，还要在课后进行自评或互评，然后再辅以机器评分，最后教师通过普查或抽查的方法全面了解教学目标的实现情况。（文秋芳 2020：122）

TSCA 有四个实施理念，分别为"评价是教学的升华阶段""需要教师的专业引领""需要学生以多种形式全员参加""需要教师充分发挥中介作用"（文秋芳 2020）。在如上四个理念的指引下，TSCA 分为课前准备、课内实施和课后活动三个阶段，实施步骤和要求如图 2.4 所示。

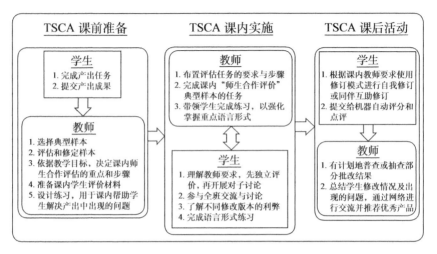

图 2.4　TSCA 的实施步骤和要求（文秋芳 2016：40）

孙曙光（2019，2020）开展了 TSCA 活动设计的研究，进一步明确了 TSCA 的操作流程，课前、课中、课后评价教学的步骤和设计要点，补充和完善了评价教学理论框架。相关操作流程和评价理念如图 2.5 所示。

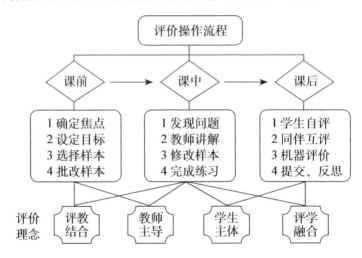

图 2.5　师生合作评价操作流程与理念的对应关系（孙曙光 2020：31）

在课前准备阶段，教师要根据教学目标确定评价焦点和评价目标，在评估学生产出内容的基础上，选择出"可改、可评的中等质量产品"（文秋芳 2016：

40)，并对典型样本进行详细批改，提前设计练习，为课中评价准备好巩固学习材料和修改范例。在课中实施阶段，教师要发挥主导作用，鼓励和引导学生通过个人思考、小组讨论、教师参与评价，发现典型样本中的问题，合作修改样本；对于评价中发现的共性问题和学习薄弱点，通过完成教师提前设计的练习，对评价内容进行深度加工。在课后实施阶段，学生通过自评和互评，进一步评阅自己和同伴的产出内容，通过多次评价，增加评价焦点的学习频率，巩固学习效果，达到"以评为学"的目的。

2.2　POA 运用于学术写作名词化教学的理据

本研究将 POA 运用到学术英语写作课程的名词化教学中，主要基于以下三个理据：

第一，POA"旨在克服中国外语教学中学用分离的弊端"（文秋芳 2018a：387），"区别于其他教学法的主要特征之一是产出活动贯穿整个教学过程"（孙曙光 2019：6）。名词化教学研究的目标是培养学生在学术写作中的名词化产出能力，名词化的显性知识只有通过产出活动才能转化为学习者的隐性知识；培养学习者自动产出名词化的能力，与 POA 教学方法的宗旨一致。

第二，POA"主要针对的是中高级外语学习者"（文秋芳 2015：547）[1]，本研究的教学对象均通过了 CET-4 考试，具备了一定的英语水平，为学习和产出名词化奠定了语言学习基础，有益于发挥出 POA 教学方法的优势。

第三，POA 教学流程包括由"驱动—促成—评价"组成的若干循环链，不同教学阶段之间具有很强的互动性和循环性，多轮形式多样的教学活动精准应对学生的产出困难，循序渐进地促成产出目标。名词化是二语教学的难点，涉及复杂的认知和语言转换过程，实现产出目标不可能一蹴而就。POA 具有明确的教学流程，能够指导教师发挥脚手架作用，根据三个教学流程，精准分解产出任务，通过多轮教学设计，创造高频产出机会，循序渐进地推进教学进程，有益于实现名词化的产出目标。

1　POA 在创始之初，主要针对的是中高级水平的外语学习者。随着 POA 在多语种外语教学实证研究中的应用，研究结果表明 POA 对初级水平的学习者也有效。

　　由此可见，产出导向法能够把学术英语中的名词化教学内容落实到具体、可分解的产出任务中，为一线学术写作教师提供教学操作流程和路径，它与本教学研究具有很高的契合度。

第三章　名词化教学模型与原则

本章首先介绍名词化的概念，综述名词化研究与教学现状。之后呈现基于名词化教学目标、教学要素和产出活动三者之间相互作用关系的教学模型，并提出名词化教学的四个原则。该教学模型和教学原则是笔者基于辩证研究范式，通过多轮"学习借鉴—提出理论—实践理论—反思诠释"研究流程的循环，不断加深对英语名词化现象本质的理解与认知，调整名词化教学的要素，优化产出活动设计所得出的研究成果。在实际教学中，一线教师可以根据具体的学情、教情进行灵活调整和运用。

3.1　名词化研究与教学

3.1.1　名词化概念

多位学者对名词化进行过定义。Quirk 等学者合编的《英语语法大全》（*A Comprehensive Grammar of the English Language*）指出，"名词化是与句子结构有系统对应关系的名词短语，该短语的中心词通常在形态上与动词或形容词有关，即从动词或形容词派生而来"（Quirk *et al.* 1985：1288）。根据《现代语言学词典》（*A Dictionary of Linguistics and Phonetics*）的定义，名词化是指"从其他某个词类形成名词的过程或指从一个底层小句得出一个名词短语的派生过程"（克里斯特尔 1996/2000：240）。《牛津语言学词典》（*Oxford Concise Dictionary of Linguistics*）把名词化定义为"是指名词或用作名词短语的句法单位从其他任何单位派生出来的过程"（Matthews 2000：244）。韩礼德对名词化先后下过两个定义："任何单个成分或一组成分在句中起到名词短语功能的结构就是名词化。"（Halliday & Matthiessen 2004：69）"名词化是最有效的创造语法隐喻的方式。通过名词化，一致式中的动词和形容词转换成隐喻式的名词，即将原来小句的过程(其词汇语法层面的一致式为动词)和属性(其词汇语法层的一致式为形容词)

转变为名词词组中的中心词"（Halliday & Matthiessen 2014：729）。

以韩礼德的定义为主，并综合上述其他定义，笔者认为名词化既是一种过程也是一种结果，包含如下几种语言现象：其一，主要指某个词类（主要为动词和形容词）向名词派生的过程和结果，例如，从动词 isolate 转化为名词 isolation。其二，在名词化过程中，句子中的各个成分围绕名词短语的核心词向名词短语的修饰成分进行转化，形成句子成分和名词短语成分之间的对应关系。例如，从单句"The doctor arrived quickly."转化为短语 the doctor's quick arrival。其三，具有与名词短语相同语法功能的句法单位，例如，"What the duke gave to my aunt (was that teapot)."。

3.1.2　名词化理论研究

学界对名词化的研究与语言学的历时发展紧密相连，同生共长。分析句法、转换生成语法、系统功能语言学、认知语言学、批评话语分析领域的学者们均对名词化进行了相关研究（范文芳、汪明杰 2003；刘国辉、陆建茹 2004；王晋军 2003；王立非 2016；徐玉臣 2009），研究主题各有侧重，涉及名词化产生动因、形式、意义、分类、功能等多方面的内容。分析句法首开先河，深入探讨了名词化产生的动因、分类、功能和相应的句法变化，奠定了宽广的研究视野。以乔姆斯基为代表的转换生成语法学派把语言视为自给自足、自我调节的抽象体系，对名词化的研究完全限定在语言体系内部，局限在句子单位，摈弃了对语言体系之外因素的参照。以韩礼德为代表的系统功能语言学派采用建构主义观，不仅研究名词化的语言形式也研究名词化的语用功能、语篇功能和转换认知过程，充分体现了该学派的社会学取向和语篇功能思想。认知语言学采用基于使用的语言观，从认知语义和概念识解角度对名词化进行了研究。批评话语分析在系统功能语言学的基础上更进一步，将对名词化的研究置于更大的社会文化系统中，考察名词化与意识形态之间的关系。总体而言，学界对名词化的研究体现了多维度、不断深入的趋势。

在各语言学派中，以韩礼德代表的系统功能语言学派广泛吸收了各学派的研究成果，采用语言进化论和建构主义的视角，从纵向和横向两个维度研究了名词化，"把名词化与隐喻联系起来，为重新认识名词化提供了新的研究途径"（王晋军 2003：75）。该学派不仅研究名词化的词汇语法特征，也研究名词化的社会属性和认知功能，对名词化的研究具有系统性、前瞻性；因此，系统功能语言学是本研究最主要倚靠的理论基础。下面笔者将详细介绍该学派对名词化的研究。

韩礼德（2004/2015：91-97）从意义进化论的种系发生学（phylogenesis）、个体发生学（ontogenesis）和语篇发生学（logogensis）等三个层面论述了语法隐喻和名词化产生的动因。从语言的种系发生学的视角来看，Halliday & Matthiessen（2004）认为人类原始语言受制于所在的情境，根据实体感知对象塑造经验，例如用动词识解事件，名词识解事物，语言表达内容和表达形式是统一的，不存在名词化之类的语法隐喻。"现代语言进化成功的标志是词汇语法系统对哺乳动物式的经验所认识到的意义予以语法化，并成为介乎意义层面和表达层面之间的一个弹性空间"（朱永生、严世清 2011：30），"语法隐喻产生于语义层与词汇语法层之间的张力，词汇语法对于语义的错位体现关系导致了语法隐喻的出现"（张德禄、董娟 2014：35）。这种错位原因在于"一种意义由本来用以体现另一种意义的形式来体现"（Thompson 1996：164），在语言符号层面创造出虚拟名词实体，作为理论概念存在，并成为用于思考的强有力的抽象工具。

从语言的个体发生学角度来看，Halliday & Matthiessen（2004）指出人类个体语言发展要经历三个阶段，即概括、抽象和隐喻。概括是进入语言学习的关键期，抽象是进入读写阶段的关键期，隐喻是进入学习科技知识阶段的关键期。在幼童言语中，意义和词汇类别是一致的，参与者由表示人或事物的名词体现，过程由表示动作的动词体现，环境成分由介词体现，逻辑关系由连词体现。在个体生命中，语义总是先行于语法系统。"当儿童逐渐进入青春期时，作为进入成年知识的一个条件，孩子不得不用一种不同的、名词化的形式来重新识解或措辞之前以小句形式出现的言辞。"（韩礼德 2004/2015：98）

从语篇发生学的角度来看，系统功能语言学派认为，语篇本身是一种社会活动，是语言使用者和变化着的社会语境之间的一种互动，能够在建构社会现实方面发挥作用。科学语篇最早出现在古希腊科学家的作品中，从文艺复兴开始不断发展，采用名词化创造出虚拟"事物"，形成了高语义密度、逻辑严密、行文流畅的语篇（韩礼德 2004/2015）。"相关的语类研究表明，以客观性为标志的科技类语篇只是大量使用不同程度的语法隐喻的产物，……语法隐喻既是科技语篇的

主要特征且以自己独有的方式推动了科技发展。"（朱永生、严世清 2011：12）

Halliday 把语法隐喻分为概念隐喻和人际隐喻，总结了多种类型的概念隐喻，其中"大多数隐喻转移是向名词词组转移的。就这一意义上说，名词化占主导地位"（韩礼德 2004/2015：39）。名词化具体包括如下五种类型[1]（Halliday & Matthiessen 1999，2014）：

1）小句的名词化，即"任何单个成分或一组成分只要在句子中起到名词短语的作用，就具有了名词化的结构特征"（Halliday & Matthiesse 2014：93）。例如，"What the duke gave to my aunt (was that teapot)."。

2）过程的名词化，即从动词（包括情态动词）向名词的转化，例如：transform—transformation；can—possibility。

3）特性的名词化，即从形容词向名词的转化，例如：safe—safety；stable—stability。

4）环境成分的名词化，即从介词向名词的转化，例如：in order to—purpose；to—destination。

5）关系成分的名词化，即从连词向名词的转化，例如：because—reason；so—cause、proof。

Halliday 认为隐喻式的名词化和其一致式在语义层面具有相同的语义内涵，但在词汇语法层面不一定具有形式上的相似性。"从某种程度来说，在英语中，任何一种语法类别都可以从另一种语法类别中衍生出来，而且常常没有任何词形上的标记。"（韩礼德 2004/2015：39）在上述分类中，第二类中的情态动词、第四类和第五类词汇向名词的转化都属于"非形似一致式"，在词形上没有任何相似性。对此，系统功能语言学派的中国学者存在不同意见。张德禄、赵静（2008）基于隐喻式是由一致式转化而来的这一观点，认为只有形似一致式才是概念隐喻的一致式，因为这能保证一致式与隐喻式在形式与数量上是对

1　Halliday 没有具体说明动名词和不定式是否属于名词化类型，但他所列举的名词化语料中只有动名词，没有不定式。朱永生（2006：87）认为不定式不属于名词化语法隐喻现象，因为"它们虽然和相对应的名词在形态上彼此一致，但它们本身体现的都是事件的过程，而不是某个事物"。本研究认为不定式不属于严格意义上的名词化现象。

应的。一致式在时间上先于隐喻式出现，一致式能直接转化为隐喻式。更为重要的是，"形似一致式的确立可以增强概念语法隐喻理论的明确性和可操作性，从而对该理论的实际应用产生较大的意义"（张德禄、赵静 2008：32）。丛迎旭（2011：48）主张隐喻式必须由一致式直接转类而来，否则"语法隐喻就等同于语言中无所不在的'换言'现象。脱离了语言演化或发展的联系，一个'隐喻式'可以对应无限个'一致式'，反之亦然，语法隐喻研究中的诸多操作性困难也由此产生"。据此，理论逻辑严密、具有可操作性的名词化分类应限定在第二类和第三类，即从形似一致式转化而来的名词化。

词汇语法有"一致式"与"非一致式（即隐喻式）"之分，两者构成一个连续体（Halliday 1994）。Taverniers（2003：13）认为一致式是某个特定意义显著、典型的表达方式，是实现语义编码的最短路径，也是所选择意义最直截了当的编码方式。当语义以非一致式的词汇语法形式来表达，就发生了语法隐喻，"就是指在词汇语法层面用非一致的语言形式表达语义，是实现意义选择的另一种表达方式"（Ravelli 1988：135）。Halliday（1998：207）后来从语言进化的角度把"一致性"重新阐释为"语义模式和语法模式在它们共同进化的起始阶段的相互关系"。也有学者总结道：

　　在一致式中，语义与语法范畴存在着一种自然关系。名词表示实体（thing）或参与者，动词表示事件（event）动作过程，形容词表示属性（property），副词或介词词组表达时间、地点、工具、方式等环境成分，连接词表示逻辑关系，这使词汇语法层所表达的表层意义与话语层所表达的深层意义相互照应。（孙毅、陈朗 2009：97）

随着认知水平和人类经验的增加，在实际的语言应用中，语义与词汇语法之间一一照应的关系发生改变。例如，动词转化为名词形式后，不再单纯表达过程，而成为过程的参与者，具备"过程 + 事物"两个语义特征；表层意义与深层意义有所变化，变成新意义的结合体，就产生了非一致式 / 隐喻式。比如，在表达语义"玛丽看见了美景"时，常规的表达方式是选择语义系统中的"心理过程"——"Mary saw something wonderful." 进行描述，在词汇语法层面对应的是表示心理活动的动词 saw。然而，在实际语言表达中，人们可以选择非常规的语义系统，例如"物质过程"——"A wonderful sight met Mary's eyes."。如此一来，在词汇语法层面动词 saw 由名词 sight 替代，发生了"词汇语法对于语义的错位体现关系"。"Mary saw something wonderful."是一致式，"A wonderful sight met Mary's eyes."是非一致式 / 隐喻式。

在名词化发生的过程中，语言形式和功能都发生了较大变化。Halliday（2004：56-57）指出：

> 隐喻转化涉及两类语法移动。一个是级阶一个是结构构型。一方面，级阶向下移动，意义序列（由小句复合体体现）识解为意义言辞（由小句体现），意义言辞（由小句体现）识解为意义言辞的构成成分（由名词短语体现）；另一方面功能和词类都发生转化，包括从整体上识解结构构型和构型中的每个成分，以实现各类成分从小句中的功能向名词短语中的功能转化。

围绕着核心名词，句子中的各个成分发生语序变化，转变为核心名词的各类修饰语。例如，"The brakes failed."识解为隐喻式之后变为"the brake failure"，隐喻过程为：由"参与者 + 过程"的一致式小句，即名词词组 + 动词词组，转化为隐喻式的名词词组，即名词 + 名词。

根据系统功能语言学派的研究，名词化具有多个功能。第一，名词化具有标识语体的功能。"书面语的世界是一个名词化的世界"（韩礼德 2006/2015：97），名词化是科学语言中最重要的语言特征（Halliday & Martin 1993）。"名词化在科学语言中具有功能性，既能创造出术语也能促进推理和论证。在其他语篇中，名词化主要是一种例行文体特征。因此，名词化成为权力集团的语言，给予了专家特权，并限于文化经验领域内的语言表述。"（Halliday 2004：217）"名词化的出现往往省略了动作的执行者或参与者，语篇因而具有客观性和公正性，同时表达更为精确。"（王晋军 2003：77）名词化大量出现在科学语篇、学术语篇中，影响延伸到了人类生活的许多领域，如法律、行政公文、国际关系、贸易等。Biber et al.（1998）、Hyland（2006）和 Alexander et al.（2008）

等人的研究表明，学术语体最明显和最重要的特征就是大量使用名词化，这证实了名词化的语类功能。

第二，名词化具有凝缩语义的功能。"从概念意义上说，名词化语法创造了大量界限明确、性质稳定、内容确定的事物。"（韩礼德 2004/2015：101）尽管这些事物不是物质世界中的事物，只存在于交际者的心理世界，具有很高的抽象度，但这一名词化过程使得在表示过程和属性的词汇前后添加修饰成分合法化。"通过动态过程名物化，利用英语名词短语可以包含若干个修饰成分的语法特点，增加名词短语的信息量，从而达到浓缩信息的目的。"（朱永生 2006：85）Halliday（2004：195）"对大量使用名词化的科学语篇进行了测算，发现平均词汇密度为 6 个左右，而在非正式语言的语篇中，小句中的实词通常为 2 个"。可见名词化确实可以起到增加词汇密度、凝聚语义的作用。

第三，名词化具有组织语篇信息的功能，具体包括范畴化、分类组织（categorizing, taxonomic organization）和语篇的推理、逻辑推进（reasoning, logical progression）的功能（Halliday 2004：64-74）。语法通过词项将各种现象和人类经验进行范畴化和分类，并与其他范畴形成聚合对比关系。分类的原型通常是感性世界中的具体物体。名词化把过程或性质重新识解为一种实体，好像它是"一个事物"，具备了范畴化和分类的结构，有了自身的语义潜势，在语言及物系统中担任参与者的角色，将大量的词汇材料组织起来形成语篇，在语篇中被反复修饰、阐述和论证。名词化在语篇中的逻辑推导功能主要体现在，只有名词化才能把整个小句的内容组合在一起，识解成为一个新的名词词组，在语篇中总结前文，承载信息。"通过整合而来的名词词组，可以形成大的信息模块，要么作为主位，要么作为信息最高点的新述位，它们在语篇的推进中具有至关重要的作用。"（韩礼德 2004/2015：208）

在实现多项功能的同时，名词化也为语言理解带来了一定的问题，即语义的模糊性。转换生成语言学派曾论述名词化的语义模糊问题，认为该问题主要是由词义本身的模糊性造成的，而系统功能语言学派认为这只是其中的一小部分原因，导致模糊性的主要原因是句法的模糊性（syntactic ambiguity）。"在小句表达方式被名词化的表达方式替代后，大量的语义信息也就随着消失了。"（韩礼德 2004/2015：185）例如，"Mary announced that she had accepted." 这句话清楚表明了谁做了什么。但在名词化短语 "the announcement of Mary's acceptance" 中，由于隐藏了 announce 这一动作的发出者信息和时态信息，因此读者难以确定：是 Mary 宣布的消息还是别人宣布的消息，到底是 Mary 接受了（某物）还是她被接受，是 Mary 将要接受还是已经接受了，语义上存在多种可能性。

除了语义信息被隐藏，在名词化之后的小句中使用弱式动词（verbs of feeble phenomenality）也是重要原因。"这类动词其实是没有交际价值的万能动词，由此构成的短语往往显得虚弱、啰唆而平淡无味"（连淑能 2010：148）；动词 be、make、reflect、be associated with、mean 等都属于这类动词。例如，在句子 "High productivity means more supporting services." 中，很难判定 mean 所代表的关系是否为因果关系，即使可以判定为因果关系，也难以确定 high productivity 和 supporting services 两者哪个是因，哪个是果，语义模糊性显而易见。

模糊性的第三个原因是与名词化相伴相生的高词汇密度。当词汇密度达到一定程度时，"即使名词化短语中的每个单词本身都非常简单，整个表达式仍然难以理解"（韩礼德 2004/2015：183）。例如，"Griffith's energy balance approach to strength and fracture also suggested the importance of surface chemistry in the mechanical behaviour of brittle materials."，这个句子的词汇密度很高，达到了 13。除了少数特殊词项，高语义密度是造成该句子难度高的根本原因。鉴于名词化的语义模糊性，"许多英语文体学家都反对滥用名词化表达法"（连淑能 2010：135）。

难能可贵的是，系统功能语言学派对名词化在语言进化中的趋势进行了预判。在其著作《科学语言》（*The Language of Science*）一书中，韩礼德（2004/2015：224）指出，"语言不仅随着人类的进化而发展，它同时也是人类进化过程的一个重要组成成分"。例如，名词化作为当前科学语言中最重要的语言特征，虽然有助于创造新的知识概念，推动科学理论体系的建构和发展，但不被普通大众理解。然而，随着历史条件的变化，语言在 21 世纪中会继续向前发展，产生新的语体或功能变体，与信息社会和科技革命保持一致。科学语言"有可能从目前的名词化和语法隐喻这两大特征退回到之前那种状态：更注重过程，而且允许有更大的不确定性和易变性"（韩礼德 2004/2015：239）。

总而言之，系统功能语言学派对于名词化现象的研究具有系统性、前瞻性，以及宽广的理论视野。从语言进化论的视角探讨名词化的动因，为认识名词化现象提供了新途径；把名词化的语言形式与功能相结合进行研究，抓住了语言的本质。此外，研究名词化在语篇单位的功能，不仅契合了该学派赋予语篇功能的元理论意义，而且把语法隐喻理论提升到语言哲学的层面上，因为语法隐喻不仅是人类的一种认识机制，它在概念范畴化、分类组织方面的功能以及相应的命名和指称功能也具有十分丰富的哲学含义。可以说，"Halliday 在发展语法隐喻理论的同时也梳理和总结了自己的语言哲学思想，有关意义进化论、语法隐喻机制解读和重塑人类经验，建构现实的功能以及语法隐喻与认知隐喻间的关系等命题的讨论所涉及的正是语言哲学关注的"（朱永生、严世清 2011：33）。尽管在名词化研究上取得了突破性进展，但系统功能语言学派对于语法隐喻理论与名词化的研究尚有很大的理论提升空间。例如，一致式与非一致式是一对在逻辑表达上不够严密的概念，虽然 Halliday 一直试图对一致性进行更明确的阐述，但解决得不是很理想（胡壮麟 2000）。此外，系统功能语言学派对于名词化分类意见不统一，对是否存在语篇隐喻存在争议，这些问题都需要进一步研究和解决。

系统功能语言学的名词化研究成果为开展名词化教学研究提供了理论源泉。从该学派的研究中笔者明确了名词化教学的目标，提取了部分教学要素，从中吸取了设计教学活动的灵感。首先，从教学目标来看，系统功能语言学派（韩礼德 2004/2015）的研究表明，名词化是语言进化和个体语言发展中的高级阶段，具有标识语体的功能。因此，建立学习者的名词化意识，帮助他们认识到名词化的重要性是名词化教学的首要教学目标。同时，由于名词化具有语义模糊性，过度使用会对语言的理解造成障碍，学习者还应认识到在语言产出中要保持一定比例的名词化，不能过度使用。该学派对名词化成因和功能的研究发现，名词化具有较高的抽象性，能够凝练和丰富语义，所以另一个教学目标是帮助学习者产出语义抽象度高和语义密度大的名词化。

从教学对象来看，系统功能语言学派把名词化现象分为五类（Halliday & Matthiessen 1999，2014），除了从动词、形容词向名词转化，还包括从介词、连词向名词转化和名词性从句。其他语言学派如转换生成语法学派（Chomsky 1970；Simpson 1979）把动名词、不定式、名词性从句等也归于名词化现象。

鉴于各学派对名词化现象存在理论争议，而从动词和形容词向名词转化是各语言学派公认的名词化类型，名词性的强度最高，本研究把这两种类型作为教学对象。根据系统功能语言学派关于名词化功能的探讨，名词化在句子内部起到了增加语义密度、丰富语义的作用，在句间即语篇单位具有组织语篇信息的功能。因此，名词化教学研究需要在句子内部和句间开展。

从教学要素来看，在句子内部，系统功能语言学派论述了名词化过程中的句子成分转化情况，即词性变化、词形变化和属格变化，指出了名词化之后核心名词的修饰语类别；在句间，该学派指出了名词化和其一致式形容词、动词在语篇主述位推进中的作用。上述研究结果对于提取句子内部和句间的名词化教学要素奠定了良好基础。

从产出活动设计来看，系统功能语言学派关于名词化过程中的句法变化描写对设计产出活动非常有启示。在语法功能转化中，词性转化是名词化的第一步；在语法级阶转化中，级阶向下移动，即从复句到单句，从单句到短语。这些为分层设计句子内部的产出活动带来了直接灵感。

3.1.3 名词化教学研究

近年来，国外的研究者们开始研究语法隐喻在英语作为二语或外语学术写作和写作素养培养中的应用（Christie 2002；Christie & Derewianka 2008；Schleppegrell 2004），并逐渐扩大到其他语种，如西班牙语（Achugar & Colombi 2008；Colombi 2006）、德语（Byrnes 2006，2009；Ryshina-Pankova 2013）等；研究发现名词化语法隐喻对二语学习者文字表达能力的发展有促进作用。很多学者开始重视并总结名词化在学术写作文本和其他正式书面语体中的作用（Alexander *et al.* 2008；Biber *et al.* 1998；Biber & Gray 2010；Halliday 1985a，1998；Nesi & Gardner 2012）。描绘本族语者与二语学习者书面语产出中的名词化及语法隐喻使用特征成为研究热点；研究结果表明，学习者书面语产出中名词化语法隐喻使用不足，存在各种问题（Liardét 2013a，2013b，2016；Thomas & To 2016；Wang 2010；Wilson *et. al.* 2017）。

随着语法隐喻理论的发展，国内也涌现一批名词化理论应用研究。诸多研究表明，名词化是外语学习中的难点（范文芳 1999；李杰 2016；孙承荣、宋德生 2008；杨晓英、何丽 2006）。因为名词化不仅是语言层面的问题，还涉及抽象思维，如事件参与者、过程、环境因素之间的逻辑关系转换，是教育和认知水平提高的产物，因而需要学习者在习得时做出更多的认知努力。名词化对于外语学习的促进作用得到了研究者们的广泛认同，体现在有助于学习者有效识解意义，提升认知效果（金娜娜、陈自力 2004）、产生语域意识（李健雪 2009）、提高阅读水平（董宏乐、杨晓英 2003；李杰 2016；李瑞芳、孟令新 2004；孙岩梅、邵新光 2011）、提升写作能力（楚建伟、高云 2014；李杰 2016；张凤娟 2011），对翻译也具有指导作用（邓玉荣 2013；邓玉荣、曹志希 2010；黄国文 2009）。

　　然而，名词化语法隐喻能力并不能随着二语水平的提高而自然提高。文秋芳等（2003）的研究表明，英语书面语中的口语化倾向在高水平中介语使用中是一个普遍特点，它不受母语和文化背景差异的影响。他们研究的高水平英语学习者书面语最明显的变化出现在大学一年级至二年级之间，随后的变化不大。此外，母语的名词化语法隐喻能力不能自动迁移到二语中。熊学亮、刘东虹（2005）的研究表明，尽管二语学习者已具有母语的隐喻思维能力，但在第二语言的运用中这种能力并不是无条件地完全迁移过来，而似乎是从头开始，随着语言水平的提高才逐渐进入目的语的语法隐喻阶段。王红阳、龚双霜（2016）通过量化研究发现，只有当学习者的母语水平和目的语水平趋于一致时，母语中的隐喻思维才会被激活，从而产生正迁移。但是，如果英语学习者的语言水平还比较低，且母语的语法规则不同于目标语，则容易出现负迁移现象。

　　上述研究表明，十分有必要在二语学习环境中通过语言教学进行干预，促进和加快学习者名词化语法隐喻能力的提升。在二语学习环境中，学习者的学习方式主要包括课堂教师、教材和学习者之间的语言输入，以及课下进行的视听和阅读材料的自主学习。课堂口语体输入材料的可理解程度高，但名词化语法隐喻的含量低，不利于学习者学习语法隐喻。教材中的书面语体虽然包含一定量的名词化语法隐喻，但输入量有限，再加上有的教师语法隐喻意识淡薄（李健雪 2009），不够重视语法隐喻教学，同样不利于学习者的学习。而课下学生自主学习的视听材料也以口语体为主。如此一来，学生只能通过积累课外阅读量，培养语法隐喻意识和语感。然而，Ravelli（1988）认为，非母语者在掌握英语语法隐喻时存在困难，其根本原因在于语法隐喻的抽象性和复杂性。

Krashen（1982）的二语习得输入假说认为，只有当习得者接触到"可理解的语言输入"，即略高于他／她现有语言水平的第二语言输入，而他／她又能把注意力集中于对意义或对信息的理解而不是对形式的理解时，习得才能发生。对于大多数二语学习者而言，英语的名词化语法隐喻，尤其是带有诸多修饰成分的复杂名词化隐喻，其中包含的语言形态转化和认知要求都非常具有挑战性，如果没有显性教学对学生的学习加以指导，则十分不利于提升他们的语法隐喻能力。为此，学者们提出了要把名词化纳入课堂教学的建议，但目前关于名词化教学的研究非常少。

Alexander *et al.*（2008）具有丰富的学术英语教学经验，他们撰写的《学术英语要点：教师原则与实践指南》（*EAP Essentials: A Teacher's Guide to Principles and Practice*）一书，呈现了大量学术英语课堂教学案例。该书对学术语言进行了细致分析，明确指出"学术语体最重要的特征就是使用名词短语指代复杂的思想、事物和过程"（Alexander *et al.* 2008：appendix 19）。名词短语中的名词为"泛指名词"（general nouns），词义比较概括，比如 activity、approach、issue、problem、solution，需要借助上下文才能说明它们所指代的内容（Alexander *et al.* 2008：appendix 19）。书中通过具体的语料和练习说明，泛指名词和复杂名词短语是识别学术英语文体的标志，反过来，要通过学会拆解名词（unpacking nouns）及短语理解学术英语。英语中的名词短语结构为"限定词＋形容词＋名词＋介词短语＋关系从句"（Alexander *et al.* 2008：21）。Alexander *et al.* 主要通过短语改写练习、句子和语篇单位的填空练习引导学生掌握名词短语，为名词化教学研究提供了很好的教学素材，但缺乏语篇单位的产出练习设计。该教学研究对于总结名词化在短语单位的教学要素也具有启示作用，但没有形成完整、系统的教学模型。

Devrim（2015）以接受高等教育的二语学习者为教学对象，利用网络教学平台，在 2008—2010 年间进行了三轮行动研究，每年一次，每次持续五个月，培训不同专业的教师对二语学习者名词化和其他类型语法隐喻的使用进行教学干预。Devrim 在第一轮研究中观察了学生使用各类语法隐喻的情况，以及在此过程中教师是否对学生进行了反馈与指导。实际的教学干预发生在第二轮和第三轮。教学干预的内容包括：组织指导教师进行有关名词化和其他类型语法隐喻的专题研讨；指导教师观察学生学术写作文本中各类语法隐喻的产出情况；指导教师通过远程网络教学平台向学生提供关于各类语法隐喻的背景知识和样本语篇，并对学生使用各类语法隐喻的情况进行反馈。结果表明，经过行动研究之后，学生在各类专业学术写作任务中使用的名词化等各类语法隐喻的数量均有显著增加，证明十分有必要对学生的语法隐喻学习进行教学干预。但 Devrim 的教学干预研究没有具体说明如何教授学生语法隐喻的元语言知识以及识别方法，教师的反馈主要针对数量，对产出质量方面的反馈不足。除了这两项研究，尚未见到针对名词化开展的教学研究。

　　面对二语名词化的学习问题，我国诸多外语教学与研究人员（董宏乐 2002；董娟、董榆萍 2016；霍红、刘淑范 2009；季苏鹤 2015；孙毅、陈朗 2009；钟兰凤、陈希卉 2015）呼吁要有意识地培养学习者的名词化语法隐喻能力，开展名词化教学，并提出了一些有益的教学建议。例如，孙岩梅、高江梅（2011）参照 Skehan 提出的演示—练习—运用（Presentation-Practice-Production）程序，提议循序渐进地把概念语法隐喻（即名词化）的理论引入课堂，培养学生合理运用隐喻式和一致式的能力，从而提高学生的英语输入和输出水平。她们的教学建议层层递进，具有一定的操作性，但未说明如何通过元语言向学生讲授语法隐喻知识，如何教授学生把一致式表达转化为非一致式表达，也没有阐明在语篇单位进行产出练习的具体操作方法。季苏鹤（2015）总结出三种名词化语法隐喻的教学方法，即运用图形—背景理论提高输入质量、增加语法隐喻输入的数量、进行隐喻式和一致式之间的转化，但他未说明名词化教学的具体操作路径，因此难以推广。董娟、董榆萍（2016）提出在阅读教学中，将抽象术语进行"拆解"以便于理解；在写作教学中，鼓励学生"打包"信息，掌握正式语体的特点；在翻译教学中突出词性转化的技巧。然而在操作层面，关于如何"拆解"术语、如何"打包"信息，读者不得而知。张凤娟（2011）采用实验方法证明概念隐喻教学对英语写作教学具有积极影响，但没有汇报如何详细讲解概念隐喻的句式。

　　总之，如果缺乏可操作性的教学理论，不说明名词化的教学要素和教学活动，上述教学建议均难以落实到具体的教学中，并取得预期的效果。因此，当前急需系统的名词化教学研究，把名词化语言学研究成果转化为教学成果，以直接促进当前的学术英语教学。

3.2 名词化教学模型建构 [1]

本小节的名词化教学模型源自笔者的博士论文《基于 POA 的学术英语写作名词化教学研究：理论与实践》（陈浩 2020）。该教学模型的建构并非一蹴而就，而是基于辩证研究范式（文秋芳 2018b，2020）。在 POA 教学理论的指导下，笔者把名词化理论研究成果转化为教学成果，经过教学实践和反思诠释之间的多轮互动，不断增补教学要素，完善产出活动，得以逐步形成。下面呈现名词化教学模型的基本架构。

如图 3.1 所示，名词化教学模型的基本架构包括三部分：教学目标、教学要素和产出活动。教学目标是教学的出发点，是要解决的问题，一切教学要素的选择和产出活动的设计都要围绕教学目标。教学目标、教学要素和产出活动之间存在互动关系：一方面，教学目标是教学模型中的第一要素，决定了教学要素的构件和产出活动的内容；另一方面，教学要素是否全面、准确，产出活动是否具有可操作性和有效性反过来影响教学目标能否顺利达成；同时，教学要素的选择决定产出活动的效果，产出活动的结果为教学要素的调整提供依据。三者之间的互动关系用双箭头表示。

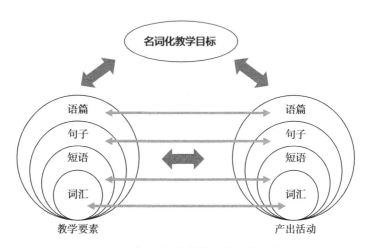

图 3.1 名词化教学模型的基本框架

---

1 3.2 和 3.3 节内容曾发表于《外语教育研究前沿》2022 年第 3 期，第 41—49 页。

教学要素与产出活动分布在词汇、短语、句子和语篇四个语言单位上，具有直接的一一对应关系。教学要素为产出活动奠定基础，要融入产出活动中；产出活动加深学生对教学要素的重视、理解、记忆和运用，产出结果决定了教学要素的增减，两者密切互动。需要指出的是，语篇单位名词化产出能力的培养以单词、短语和句子单位的名词化产出能力为基础，语篇单位的教学和产出活动须在前三个单位的教学和产出活动完成之后再进行。

3.2.1　名词化教学目标

针对以汉语为母语的二语学习者，英语名词化教学有两个目标，如图 3.2 所示：其一是帮助学习者掌握英汉名词化差异，其二是帮助学习者产出英语名词化。学习者有必要从对比语言学的角度掌握英汉名词化的差异，因为母语的名词化语法隐喻能力不能自动迁移到二语中（熊学亮、刘东虹 2005）；如果学习者的语言水平较低，且母语的语法规则不同于目标语，则容易出现语法隐喻的负迁移现象（王红阳、龚双霜 2016）。可见理解英汉名词化的差异对于产出名词化非常有益。

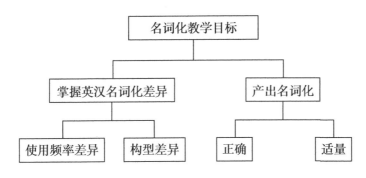

图 3.2　名词化教学的目标

首先，英汉名词化在使用频率和构型上存在较大差异。这些差异揭示了英语名词化成为中国二语学习者语言产出难点的原因。杨延宁（2020：184）的研究表明，"汉语中的语法隐喻使用程度整体上比英语要低"，英语中形容词和动词的名词化使用程度分别是汉语的四倍和两倍。虽然名词化在英汉正式书面语文体中都是重要的语义表达资源，但受不同文化背景的影响，英语名词化的使用频率要明显高于汉语名词化。认识了这一差异，学习者就能理解为何要在英语正式书面语篇中更多地使用名词化。此外，英汉名词化在构型上存在重大差异。在汉语名词化的过程中，语言形态、成分排序和结构差异相对变化不大，呈现出极为相似的外在形式；英语名词化过程则采用大量的词缀标记、语序变化、从小句到名词词组或小句复合体到小句的不同构式来体现，可视化程度较高（杨延宁 2020）。例如：

一致式：（汉）硬盘长期高速运转，电脑会损伤。

（英）If the hard disk operates at a high speed for a long time, the computer will be damaged.

隐喻式：（汉）硬盘长期高速运转造成电脑损伤。

（英）The long-time speedy operation of hard disk results in the damage of the computer.

掌握了英汉名词化的差异，学习者就能理解为何要重视英语名词词缀的学习，属格、词性和词形的变化，以及掌握连词、介词、分词等语言连接成分和名词修饰语排序的重要性；就能提前"注意"（noticing）到名词化学习涉及的语言要素。名词化教学的另一个目标是帮助学习者产出适量和正确的名词化。虽然名词化是学术英语和其他书面语体的重要特征，但学习者不可滥用或过度使用，否则会造成语言表意模糊、晦涩难懂等问题。Biber *et al.*（1998）的研究表明，学术语篇中的名词化约为每百字 4.4—4.5 个，这是二语学习者产出名词化数量的重要参照标准。

3.2.2　名词化教学要素

"符号建构形成的层级系统由词、短语、句子、语篇等语言单位构成。"（彭新竹 2015：12）名词化教学在四个单位上分别存在多个教学要素，前三个单位属于句子内部的教学要素，第四个单位属于句间，即语篇单位的教学要素，具体如图 3.3 所示：

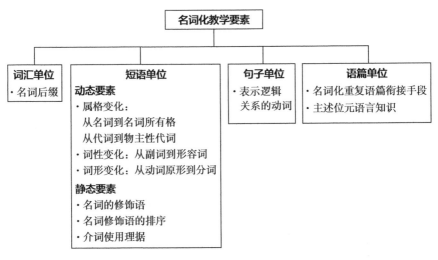

图 3.3　名词化教学要素

　　词汇单位的教学要素是名词的后缀。当名词化发生时，词尾常需产生屈折变化，语法功能也随之改变。短语单位的教学要素分为动态和静态两类。动态要素包括三类变化，分别为属格变化、词性变化和词形变化；静态要素包括名词的修饰语、修饰语排序和介词使用理据。从一致式动词、形容词向名词化转化的动态过程看，语篇中的信息需要重新被打包，"名词词组可能会冗长而复杂，因为所有的词汇内容都被压缩到这一两个词组之中了"（韩礼德2004/2015：33）。围绕着核心名词，句子中的其他成分，如主语、宾语、状语等成分分别发生属格、词性和词形变化，转化为名词的前后置修饰成分，浓缩了语义，直接导致单位词汇密度的增加。以下列句子为例，围绕着动词 tend 的名词化，主语 company、谓语 expect 和状语 apparently 分别发生属格、词性和词形变化，成为 tendency 的各类修饰语：

　　The company did not expect younger customers apparently tend to choose personalized products, which accounts for its sales decline.

　　The unexpected apparent tendency of the company's younger customers to choose personalized products accounts for its sales decline.

从转化后的名词化结果看，名词化短语包含多个修饰语。学习者需要掌握各类与名词化搭配的修饰语和修饰语的排序。修饰语的具体类别和排序如表3.1 所示：

表3.1　名词词组的修饰语及顺序（胡壮麟等 2017：240）

Those	two	splendid	old	electric	trains	with	Pantographs
指示语	数量语	修饰语		分类语	事物	后置修饰语	
		态度	性质				
限定语	数词	形容词		形容词	名词	介词短语	

介词使用理据是短语单位非常重要的语言要素，具体指介词核心意义与引申意义之间的义—义联系（Radden & Panther 2004）。鉴于介词是连接名词和名词后置修饰语的主要形合手段，在增大词汇密度中发挥了不可或缺的作用，因此掌握这个词类成为产出名词化的要点之一。然而，英语介词的数量众多，意义繁复。单个介词除了核心意义，还有多个引申意义。与之对照，现代汉语没有真正的介词（王力 1985）。这一差异导致中国学习者在学习英语介词时记忆负荷大，产出困难多。因此非常有必要教授介词使用的理据，从核心义项出发，通过意义之间的关联规律，推导出引申意义的用法，从而降低学习者的记忆负荷，加强记忆效果。英语中 90% 以上介词的用法聚集在 with、to、from、at、in、of、by、for 和 on 这九个介词中（班德尔 1978/1992：83），抓住了它们的用法就解决了学生在名词化介词使用中的关键问题。

句子单位的教学要素是表示逻辑关系的动词。在名词化发生的过程中，小句中的每个成分被重新识解，形成名词短语，"但两 / 多个名词词组并不能构成小句，通常还需要一个动词（词组）在它们之间建立一种构型关系……对其中的逻辑语义关系重新进行识解"（韩礼德 2004/2015：205）。"汉语用词倾向于具体，常常以实的形式表达虚的概念，以生动的形象表达抽象的内容。"（连淑能 2010：173）基于母语的特点，中国的二语学习者注重学习和掌握表示具体动作的词汇，而忽略表示逻辑关系的动词，更多通过连词、介词而不是动词来表达过程之间的逻辑关系。例如，对于"火药爆炸是由于剧烈的动作"这一句子，学习者会表述为 "The gunpowder exploded, because people act violently."，即使把该句名词化，学生更倾向于把句子表达为 "The explosion of gunpowder is because of the violent action."，而不是 "The explosion of gunpowder arises from the violent action."。因此非常有必要把表示逻辑关系的动词纳入教学要素，例如因果关系（bring about、result in）、条件关系（depend on、determine）、时间（follow、precede）、变化（strengthen、accelerate）等。

　　语篇单位的教学要素是名词化重复语篇衔接手段和主述位元语言知识。语法隐喻具有篇章效用（textual effects），"只有名词化才能把整个内容识解为小句中的一个成分。…… 通过整合而来的名词词组，可以形成大的信息模块，要么作为主位，要么作为信息最高点的新述位，它们在语篇的推进中具有至关重要的作用"（韩礼德 2004/2015：208）。可见，名词化具有衔接语篇的作用。例如（Halliday & Hasan 1985：81）：

The committee suggested that all sexist language be removed from the regulations. If this suggestion is adopted, we shall have to avoid "he", "his", etc.

　　鉴于英汉语篇在结构特征和衔接方式上存在较大差异，对于以汉语为母语的二语学习者而言，很多学习者不了解英文语篇的结构特征，缺乏使用各类连接方式组织语篇的意识，对各种衔接手段的掌握存在不足之处。名词化是二语学习的难点，相比连词等常用连接方式，名词化较少被二语学习者使用，因此要在教学中纳入名词化重复语篇衔接手段这一教学要素，首先要建立学生使用名词化重复语篇衔接手段的意识，再教授该要素的具体使用途径。

　　语篇单位的第二个语言要素是主述位元语言知识。"主位是话语的出发点；述位是围绕主位所说的话，往往是话语的核心内容。……在一般情况下，主位所表达的信息是已知信息，述位所表达的信息是新信息。"（胡壮麟等 2017：164，172）。名词化是改变信息在语篇中分布方式的有效途径之一，信息表述者在述位使用一致式的形容词或动词，在主位使用同源重复的名词，能有效地起到连接语篇和推进语篇信息的作用。

3.2.3　名词化教学产出活动

名词化教学的产出活动设计尤为重要，应遵循"产出导向法"教学理论中的"精准性""渐进性"和"多样性"原则（邱琳 2017；文秋芳 2015，2018a）。产出活动按照产出单位递增、认知难度递进的顺序实施，在词汇、短语、句子、语篇四个单位展开，具体如图 3.4 所示：

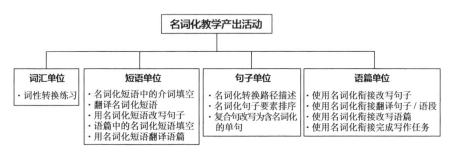

图 3.4　名词化教学产出活动

就精准性而言，上述每个步骤的产出活动均有一个教学要点，精准地对应学习者名词化产出中的困难。在词汇单位是词性转换；短语单位是掌握以介词引导的各种类型的名词后置修饰语；句子单位是语序分析和句子成分重组；语篇单位是建立学生使用名词化衔接语篇的意识。对此，教师在产出活动练习中要予以重点关注。就渐进性而言，除了对应教学单位递增的顺序，每个教学单位内部的产出活动应设置为从结构性产出过渡到开放性产出，难度呈梯度排列，在教学中需依照教学模型图的示意从上至下依次进行，后一个产出活动通常以前一个产出活动的完成为前提。就多样性而言，产出活动包含了词形转换、短语和语篇填空、短语和语篇翻译、改写、排序、写作等多种书面产出练习。多样化的产出练习，不仅增加了产出的频率，而且避免了单调和重复，有益于学生掌握名词化。

3.2.4　语言教学要素与产出活动的关系

名词化教学在词汇、短语、句子、语篇四个单位均有相应的语言教学要素和产出活动。每个单位的语言要素和产出活动也存在一一对应的关系，如图3.5 所示。在课堂教学活动中，教授语言要素在前，完成产出活动在后。掌握

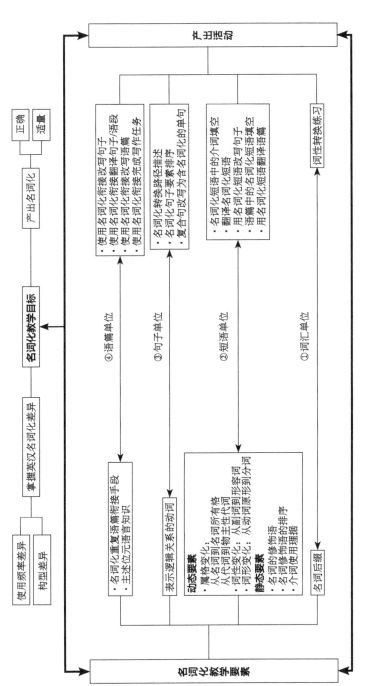

图 3.5 名词化教学要素和产出活动的对应关系

语言要素为产出活动奠定基础，产出活动加深学生对语言要素的重视、理解、记忆和运用。需要特别指出的是，由于句间名词化产出能力的培养以句子内部名词化的产出能力为基础，因此涉及语篇单位的教学要素教学和产出活动，须在句子内部的教学和产出活动完成之后再进行。

3.3　名词化教学原则

为了增强名词化教学模型的可理解性和可操作性，笔者总结了开展名词化教学的四个原则：教学要素完整性、教学单位系统性、教学内容递进性和产出活动充分性。这四个教学原则为一线教师根据教情、学情使用模型提供指导，能保障名词化教学取得良好的效果。

3.3.1　教学要素完整性

名词化教学要素有难有易，但在教学过程中均不能缺省。例如，单独将名词变为名词所有格，代词变为物主性代词不是难点，大部分学生都有能力产出my book、Mary's son、five minutes' walk 等表达。但由于学生缺乏把抽象名词视为实体的意识，因此如果不把属格变化纳入名词化的教学要素，学生就不能顺利进行语序转化，把一致式小句中的主语变为抽象名词前的修饰成分，产出类似 their lack of enthusiasm、consumers' preferences for touch-screen smartphones 的表达。需要指出的是，教师可根据教学要素的难易程度，对教学时长进行调整，灵活处理。例如，介词使用理据、名词修饰语的排序、主述位元语言知识、名词化重复语篇衔接手段是产出名词化的难点，需先由教师在课堂中讲授显性知识，再通过课堂内的多项产出活动逐步引导学生将其转化为隐性知识。有些教学要素如名词后缀与表示逻辑关系的动词，由于数量众多，仅需要教师在课堂上通过教授范例，引起学生的"注意"，认识到掌握该要素的重要性，再为学生补充课外学习材料和产出练习，加以巩固。另外，对各类要素教学时长的安排，还取决于学生的语言水平。例如，针对高水平学习者，可以将具体目标名词化的各类搭配，即修饰语，由课内讲授调整为课下自学，然后通过课堂产出活动检查学生的掌握情况。

3.3.2　教学单位系统性

"在洪堡特和索绪尔语言系统论的深远影响下，无论乔姆斯基还是韩礼德都以语言系统为基础建构语言理论。"（彭新竹 2015：10）既然语言具有系统性，名词化教学的单位也应具有系统性。近年来，越来越多的学者关注到了语法隐喻在语篇单位的存在和在语篇组织上的作用（Martin 1992；董娟、张德禄 2017；范文芳 1999；李雪娇 2016；孙岩梅、高江梅 2011）。董娟、张德禄（2017：296）认为，"语篇隐喻是意义概念，但它可以发生在小句或小句复合体中，也可以超越小句，出现在大于小句复合体的语篇片段中"。除了语篇单位存在大量名词化衔接语篇的现实，就学理而言，"符号建构形成的层级系统由词、短语、句子、语篇等语言单位构成；系统环境由这些语言单位建构而成；语言系统的运作正体现为语言系统环境的建构"（彭新竹 2015：12）。所以，名词化教学单位应系统化，在词汇、短语、句子、语篇各个单位逐层递进地教授语言要素，开展产出活动，构成一个系统、完整的教学链。仅教授句子内部的名词化，忽略名词化在超越句子范围之外的功能，即组织语篇的作用，就会缺乏系统性，既不利于学生全面认识名词化的作用，也不利于学生充分运用名词化。

3.3.3　教学内容递进性

名词化教学包括多个教学要素和产出活动。教学要素的教授和产出活动的组织需要遵循一定的递进顺序。首先，在教学顺序上，英汉名词化差异应优先于语言要素。因为这能够帮助学生理解学习英语名词化的重要性，预知学习的难点，激发他们学习英语名词化的动力。语言要素的教授应该按照名词化过程中要素组合的顺序递进进行，符合学习者认知的需要和实际转化的需求，从而产生最大的学习驱动力，达到最好的学习效果。具体而言，要按照"词汇—短语—句子—语篇"的顺序递进教授。从形容词或动词到名词的转化是名词化的起点，名词后缀是第一步要教授的要素。名词修饰语及其排序要在介词使用理据之前教授，只有意识到修饰语有前置和后置两种类别，后置修饰语需要介词进行连接，学习者才会重视介词使用理据的学习。表示逻辑关系的动词要在短语单位的语言要素之后教授，因为只有小句复合体中的各个小句分别转化为名词短语，句子结构的重组需要表示逻辑关系的动词把短语连接起来，学习者才会对这类词汇产生学习需求。在语篇单位，名词化的使用有赖于句子内部名词化的掌握，所以要最后教授。

与教学要素相对应，产出活动也具有递进性，按照产出单位大小、完成难易程度在教学模型中从上至下排列。例如，在句子单位，名词化句子要素排序的产出活动应发生在小句复合体改写练习之前；在语篇单位，名词化改写语篇练习应发生在写作任务练习之前。这些产出活动体现了"产出单位递增、认知难度递进"（邱琳 2017：392）的特点，帮助学生稳打稳扎，步步为营，逐步进阶。

3.3.4　产出活动充分性

名词化教学研究的最终目标是产出名词化。由于语言产出的难度高于语言理解，加之名词化是二语学习的难点，因此必须保障产出活动的充分性，通过加大产出活动的频率和促进学习者对产出内容的深加工来实现教学目标。首先，频率是语言习得的决定性因素（Ellis 2002a，2002b），为了增加学生接触和产出目标名词化的频率，产出活动要依次在词汇、短语、句子和语篇多个单位展开，逐一在每个单位实现多样化的产出活动。通过在产出活动中不断复现目标名词化，保障学生接触和产出目标名词化的频率。其次，在学习活动中，学生是信息加工的主体，是意义的主动建构者。开展产出活动时要充分发挥他们的主体作用，通过多种协作性教学活动建构名词化的语言意义。在课堂产出和评价教学活动中，应把学生的个人思考与对子讨论、小组讨论、教师引导的大班交流结合起来，鼓励学生说出来（verbalize）所面临的产出困难，充分暴露教学中还没有解决的各类问题，在产出活动中相互学习，比较、选择和评价不同名词化产出方案，不仅"过眼"而且"过心"，促使学习加工结果进入长时记忆，达到对所学内容深加工的目的。

总之，掌握名词化对于二语学习者使用英语进行专业知识学习和提高学术英语写作能力具有十分重要的价值和意义。笔者在掌握系统功能语言学名词化理论研究丰硕成果的基础上，吸纳对比语言学、认知语言学、语篇分析和"产出导向法"的研究成果，基于名词化教学目标、教学要素和产出活动三者之间相互作用的关系建构了英语名词化教学模型，为一线教师开展名词化教学提供了教学内容和抓手。笔者提出的四个教学原则，提升了教学模型的可操作性，为一线教师应用教学模型提供了指导。

第四章 基于POA的
名词化教学研究设计

本章呈现了名词化教学研究的背景，包括学情、课情和教学对象。介绍了研究设计，具体包括研究阶段、教学材料和教学流程设计。最后说明了收集数据的六个途径和开展数据分析的方法。

4.1 研究背景

4.1.1 学情与课情

应高等教育国际化发展的需求，近年来国内诸多高校纷纷开设学术英语写作课程。在此教学背景下，笔者所在学校自2012年9月开始开设学术英语写作课程，所有通过CET-4的学生都参加该课程。然而，对学生的调查问卷和访谈结果显示，近40%的学生在学术写作课程学习中存在语言障碍和困难，大大降低了他们学习该课程的意愿。鉴于学生的学习状况，学校决定在大学英语四级考试后的教学模块中开设"高级英语综合课程"，该课程是学生进入学术英语写作课程之前的预备课程。

按照学校课程设置的定位，高级英语综合课程的性质属于大学英语提高和发展阶段的英语选修课，注重培养学生较高层次的语言应用能力，着重解决学生学科知识学习过程中所遇到的语言问题。该课程的教学目标为进一步提高学生的语言水平，为学生进入学术英语课程学习做好准备，满足具有创新潜质的高水平本科学生进行国内外学术交流的需要。

鉴于大学生在接受学术教育的过程中，需要进行多种类型的学术写作实践活动，在设置高级英语综合课程的教学目标时，笔者所在学校参照了国外的相关研究成果。Nesi & Gardner（2012）基于英国学术英语语料库进行了研究，该语料库收集了英国多所高校各学科本科生和硕士研究生的高分学术作业，语料共计 6,500,000 字。他们的研究发现，在英国高等教育中，低年级和高年级的学术作业类型存在较大差异，不仅与学科有关也与学生的认知发展有关。其中，论说文是英国高校各学科本科学术教育中最常见的学术写作作业，在低年级中的比例最高。参照上述研究，我国低年级的本科学术写作教学应从论说文写作开始，随着年级的递增，逐渐过渡到研究报告、研究设计说明、研究计划等，为本科高年级和研究生阶段的学术论文撰写奠定基础。

经过近五年的课程建设，结合教育部《大学英语教学指南（2017 版）》和课程建设的实践经验，"高级英语综合课程"对学生具体的语言产出能力要求如下：能以书面英语形式比较自如地表达个人的观点；能就广泛的社会、文化主题写出有一定思想深度的说明文和议论文，就专业话题撰写简短报告或论文；能借助词典翻译有一定深度的介绍中外国情或文化的文字资料，能借助词典翻译所学专业或所从事职业的文献资料。该课程的教学时数为每学期 32 学时，每周 2 学时，每学时 45 分钟，持续 16 周。

4.1.2 教学对象

选修"高级英语综合课程"的学生均通过了大学英语 CET-4 考试，其中大部分是年级中第一批通过四级考试的学生，以大学二年级学生为主，在英语学习方面是较为优秀的群体。虽然都通过了大学英语 CET-4 考试（总分为 710 分，425 分为通过成绩），但他们的考试成绩参差不齐，同一班级的学生成绩甚至出现了相差 100—200 分的情况。学生学习"高级英语综合课程"的动机各不相同，主要包括三类：对英语语言和文化感兴趣，希望继续提高英语水平；通过六级考试，为考研或出国留学做准备；通过课程学习获得学分。前两类学生占班级学生的大多数，他们学习态度良好，课上认真参与教学活动，积极发言与互动，课后保质保量地完成各项学习任务。第三类学生以拿学分为目的，如果没有老师的督促，难以保质保量地完成学习任务。总体而言，教学对象在语言水平和学习动机两方面存在差异。

4.2　研究设计

4.2.1　研究阶段

由于名词化是二语学习的难点，按照笔者教授"高级英语综合课程"的课时设置（每学期32学时），难以在一个学期内完成研究。更为重要的是，名词化不仅在句子内部充当成分，实现凝聚语义的功能，而且还能够通过主述位的变化，起到衔接前后相邻的句子和组织上下文语篇信息的功能。整体研究阶段设计的教学时间、教学对象、研究目标等信息如表4.1所示。

表 4.1　"名词化教学"研究设计

研究阶段	时间	教学对象	研究目标	轮次	具体内容
第一阶段	2017.09— 2018.02	90 名本科生（以 16 级本科生为主）	句内名词化教学	1	短语内部的名词化教学
				2	句子单位的名词化教学
第二阶段	2018.09— 2019.02	35 名本科生（以 17 级本科生为主）	句间名词化教学	1	初步设计句间名词化教学
				2	优化句间名词化教学

如上表所示，第一个阶段是句内名词化教学，包括短语内部教学和句子单位的教学两部分，在 2017 年 9 月—2018 年 2 月间进行。教学对象来自"高级英语综合课程"的两个平行班，共计 90 名学生。这两个平行班分别在周一和周四上课，课程内容基本相同，根据周一班级的授课情况，在周四的班级进行微调。第二个阶段是句间名词化教学，在 2018 年 9 月—2019 年 2 月间进行，教学对象是"高级英语综合课程"的一个班，共计 35 名学生。

4.2.2　教学材料

由于缺少名词化教学的教材，并且"产出导向法建议采用学生或教师模仿学生完成的优秀作品作为提取话语结构的输入材料，因为英语本族语者撰写的文章或者口头发言材料一般比较长，学生不易模仿"（文秋芳 2015：555），因此笔者设计了教学材料，嵌入了目标名词化词汇，以实现"输入促成"。

编写教学材料与设计写作任务紧密联系在一起。在研究过程中，笔者设计了三个写作主题，每个写作主题包含两个产出任务：任务 A 与任务 B。相同的写作主题，创造出表达相似语义的语义场和重复使用目标词汇的语言环境，促使学生能够把在产出任务 A 中所学习到的目标名词化迁移到写作任务 B 中。在正式教学研究前，笔者完成了写作任务 A 和 B，并与一位教学经验丰富的英国外教讨论协商，精心打磨和修改写作文本，保证文本语义流畅，表达自然，作为教学输入材料 A 与 B。

在驱动教学环节笔者布置任务 A，学生完成之后，笔者比对学生文本与教学材料中的名词化使用情况，说明教学目标，驱动学生的学习欲望。在促成环节，教学输入材料 A 被改编为形式多样的促成练习，循序渐进地帮助学生学习目标名词化，之后教师布置写作任务 B。在评价教学环节，笔者就学生的产出文本 B，开展师生合作评价，完成之后向学生提供教学输入材料 B，进一步巩固学生对目标名词化的学习。

鉴于本研究的教学对象大部分是大学本科二年级的学生，按照 Nesi & Gardner（2012）的研究，学术写作的体裁从议论文和说明文开始，为过渡到高年级的学术论文撰写打下基础。教学材料中的写作题目，同时也是研究对象的学术写作任务，部分题目列举如下：

表 4.2　教学材料

主题	类型		题目
现代科技对人类生活的负面影响	议论文	A	The Negative Effect of Massive Use of Robots in Life and Industry
		B	The Negative Impact of Social Networking on Reading
热点社会问题的解决方案	说明文	A	Solution to the Issue of Left-behind Children
		B	Solution to the Issue of Empty Nesters

表 4.2 显示，写作主题根据真实的社会热点问题和容易引起争议的现实社会话题而设计，原因是这些主题与大学生的认知水平相当，具备一定的交际真实性和认知挑战度，容易激发他们的产出兴趣。

为了向学生提供符合他们语言水平的高质量输入材料，笔者首先尝试自己完成写作任务，在写作过程中，不断调整两个写作任务的指导语，以缩小语义表达范围，保证语义表达相对集中。例如，第一个主题的写作任务 B 中，初始写作要求为讨论社交网络对阅读的影响。在写作过程中笔者发现既可以讨论积极影响又可讨论消极影响，语义表达相对分散。通过尝试产出，笔者把产出要求调整为集中论述社交网络对阅读的消极影响。此外，在每个写作任务发布前，笔者还带领学生在课堂上进行写作要点和提纲的讨论，不仅为促成写作的内容和语篇结构提供脚手架，还进一步保证学生在完成写作任务时语义表达相对集中。如果笔者发现多数学生在任务 A 中表述了某个语义，但该语义所代表的词汇没有纳入初始的目标名词化教学词汇群，就会做出相应的教学目标调整。在每次写作完成后，笔者均和英国外教合作修改写作文本，反复磋商，保证嵌入目标名词化的写作文本表意流畅自然，没有语法和搭配错误，能成为高质量的名词化教学材料。

确定教学材料中的目标名词化教学词汇有如下三个原则：第一，这些词汇聚焦相同的写作主题，具有一定的概括性；第二，目标词汇的动词和形容词原形均属于大学英语四级大纲词汇，以降低目标名词化词汇给学生带来的认知难度；第三，每轮教学研究的目标词汇数量限定在 7—9 个，促使学生基于教学材料进行有选择性的学习，保障产出目标数量的恰当性。笔者鼓励学生把从任务 A 中学习到的目标名词化词汇使用到任务 B 中。部分写作主题下的目标名词化词汇如表 4.3 所示。

表 4.3　教学材料主题与目标名词化词汇

主题	目标名词化词汇
现代科技对人类生活的负面影响	popularity、applicant/application、consideration、dependence/reliance、belief、necessity、replacement/substitute/substitution
热点社会问题的解决方案	solution、access、assistance、establishment、punishment、contact、investment、choice

需要说明的是，除了设计六篇名词化输入材料，笔者还准备了大量的名词化泛读和泛听输入材料。由全国大学英语四、六级考试委员会编著的《全国大学英语四、六级考试大纲（2016 年修订版）》规定考生"能阅读题材较熟悉的学术文章"。根据大纲，历年六级真题均在阅读理解部分设置了学术阅读材料。笔者从阅读材料中挑选出富含名词化的学术文章，重点讲解如何理解名词化，为名词化产出奠定基础。名词化泛听材料来自 BBC 和 VOA 中偏学术类型的听力材料。笔者在课程的导学课上要求学生下载"BBC 六分钟英语"和"VOA 常速英语"的手机 APP，并从每天的听力推送中精心选择偏学术类型包含名词化范例的材料，要求学生每天进行课外听力训练。要求学生在训练时记录从听力材料中学习到的新表达，尤其是名词化及其前后的各类修饰语。听力练习的结果要发送到班级微信群，由笔者记录，以有效督促他们在听力训练中学习名词化。笔者准备的课内外大量泛读、泛听材料，保证了学生名词化输入的频率。

4.2.3 教学流程

本研究基于 POA"驱动—促成—评价"的 N 循环教学流程设计了教学流程。在每个研究阶段的第一轮教学流程循环前，均有一次名词化教学的导入课。在句内名词化教学的导入课上，笔者首先向学生介绍英语中的名词化现象，并对比英汉两种语言中的名词化现象；在句间名词化教学的导入课上，笔者首先介绍名词化衔接语篇的现象和英语语篇特征。导入课程结束之后，再开始"驱动—促成—评价"教学流程。

（1）驱动：笔者布置写作任务 A，介绍该任务的话题、目的、身份和场合，赋予该写作任务交际真实性、认知挑战性和产出目标适当性，并进行写作要点和提纲的头脑风暴。在句内驱动教学部分，学生完成写作任务后，笔者从学生的写作文本中挑选出具有代表性的文本，对比该文本和教学材料，点评和分析学生语言表达中与名词化相关的问题，例如，大量采用人称代词和组织机构名词作主语，句子信息密度低，非人称结构少，大量使用口语词汇等，以激发学生学习名词化的"饥饿感"。在句间驱动教学部分，学生完成产出任务后，笔者从任务 A 的产出文本中挑选出具有代表性的文本，用作名词化衔接语篇的改写练习或评价练习材料，帮助学生意识到写作中缺乏使用名词化作为语篇衔接手段的问题，激发他们的学习动力。

（2）促成：在句内促成教学部分，学生精读教学输入材料，通过文本观察和教师分析，"注意"到产出名词化时涉及的各种语言要素。笔者首先教授目标名词化的用法，并围绕语言要素，例如词缀、包含名词化的动宾搭配／名词化＋介词搭配、名词化修饰语排序等，设计词汇、短语、句子和语篇单位的产出练习。产出练习具体包括词性转换、填空、短语翻译、句子翻译、句子改写、段落填空和段落翻译，以搭脚手架的方式循序渐进地促成学生对目标名词化词汇的产出能力。其中，句子单位的改写练习语料来自学生的产出文本。这些句子包含了目标名词化的动词或形容词原形，均为一致式。这种句子改写任务带给学生很强的"带入感"，让学生充分意识到自身语言产出与正式学术语体之间的差距。在句间促成教学部分，笔者教授目标名词化的用法后，从学生完成的衔接语篇改写练习或写作语篇中挑选出促成语料。这些语料未能使用名词化衔接前后句或上下文，被设计为句子或语段改写练习，要求学生在改写时使用名词化作为衔接手段。

在促成教学的最后一个教学步骤中，笔者布置产出任务 B，并再次进行写作要点和提纲的讨论。该任务与任务 A 主题相关，创造出让学生继续使用目标名词化词汇的语境。设计任务 B 有双重目的：其一是在新的写作任务中再次使用目标名词化，达到巩固学习的目的；其二是促使学生把使用目标名词化的能力迁移到新的写作语境中，既能提高产出频率，也能避免重复练习造成的倦怠感。

（3）评价：在句子内部的评价教学中，笔者组织多种形式的评价活动。首先是机器评价，学生每次写作的文本都在批改网上提交，以便笔者提取和分析文本。笔者在研究中发现批改网对词汇多样性的算法比较精准，写作文本中的某个形容词或动词的原形与其名词化被系统计为不同的词汇，学生使用名词化之后评分会提高，这大大激励学生使用名词化。其次是教师评价，在驱动和促成教学环节，笔者对学生产出给予大量即时的评价与反馈。在学生完成产出任务 B 后，笔者挑选出典型样本，组织课堂内的学生互评、师生共评；课后，笔者还要求学生进行自评。多种评价活动，"使评价成为复习、巩固、强化新学知识的机会，进而使学生发生质变和飞跃"（文秋芳 2018a：397），夯实学生名词化学习的成果。在语篇单位的评价活动中，由于机器评价无法识别名词化用作语篇衔接手段，因此主要依靠教师评价和师生合作评价。

除了导入课程，笔者课堂教学的课时安排如表 4.4 所示。

表 4.4 教学流程的课时分布

教学模块	教学环节	课时
1	驱动	1
2	促成	3
3	评价	1
总计	/	5

4.3 数据收集

为了验证教学的有效性，基于产出导向法的教学研究主张尽量从多类型、多渠道收集数据。不同类型的数据主要包括观察数据、自我报告数据和学习成果数据。数据可以来自学习者、研究者，也可以来自研究的观察者。不同类型的数据内容和收集手段如表 4.5 所示：

表 4.5 数据类型与收集手段（文秋芳 2017b）

类型	内容	收集手段
观察	学生参与度、学生表现，教师投入度、教师表现	教学过程录像、课堂教学观察
自我报告	学生对教学的态度、课堂心理状态、对学习效果的自我评价，教师对自己教学的感受、对自己教学的评价、对学生学习的评价	问卷调查、访谈、反思日志
学习成果	口头产品、笔头产品、语言综合水平测试表现等	平时作业，期中、期末考试，阶段性口笔头产品
……	……	……

本研究的数据源自学生和进行课堂观察的同行教师，包括质性和量化两种类型。质性数据具体包括对课堂观察教师和学生的访谈数据，同行教师的课堂观察记录和学生的学习日志。量化数据来自对学生写作文本的数据分析。数据收集类型如表 4.6 所示。

表 4.6　两个研究阶段的数据收集方法

数据类型	基于访谈和学习日志的学生评价	基于课堂观察和访谈的同行评价	学生产出文本	语言测试
第一阶段	✓	✓	✓	✓
第二阶段	✓	✓	✓	/

4.3.1　学生访谈

访谈是一种研究型的交谈，是研究者通过口头谈话的方式从被研究者那里收集（或者"建构"）第一手资料的一种方法（陈向明 2000：165）。应用语言学研究中的访谈希望获取访谈对象的信息，了解访谈对象对某些事件的观点或看法（杨鲁新等 2013：42）。访谈学生是笔者收集数据的重要来源，在研究中起到三个作用。第一，直接了解学生在学习中存在的问题和困难；第二，听取学生对教学的意见、建议；第三，根据学生在访谈中的反馈，调整对学生撰写学习日志提纲的建议，使得通过学习日志收集的数据更加具有针对性、更为有效。

为了广泛了解学生的学习问题和困难，听取意见和建议，在访谈对象的选择方面笔者每次都包括英语水平良好、一般和薄弱三类学生。在语言水平良好和一般的学生群体中，笔者选择了元语言能力强的学生，以便获得更丰富的访谈数据。根据前一个访谈对象的反馈和访谈中发现的问题，笔者在访谈下一名学生之前及时调整访谈问题，以了解学生全面、真实的想法。笔者教授的班级来自全校不同院系，主要研究对象是二年级学生，他们课程多时间紧，组织集体访谈困难比较大。所以，研究中仅进行了一次面对面的集体访谈，其余访谈都通过微信这一新兴社交媒体进行。采用微信这种访谈方式，是由于微信访谈的如下优点：第一，不受访谈时间和地点的限制，方便数据的收集和整理。第二，缓解学生和教师面对面访谈时的紧张情绪。第三，师生双方有充足的时间思考并调整问答的方式。第四，微信应用软件有很多表情和动画，适宜于大学生这一年轻的群体，他们可以生动、活泼的方式表达情感，方便笔者体察受访谈学生的情绪，弥补不能当面访谈的不足。笔者通过使用微信表情与动画，拉近了与受访学生的心理距离，有益于深度挖掘数据。

在两个阶段的研究中，笔者对学生前后开展了五次访谈，访谈人数23名，转写和整理的文字共计33,172字。访谈的详细信息如表4.7所示。

表4.7　访谈信息

访谈时间	访谈目的	形式	访谈对象描述	转写/整理字数
句内第一轮研究的"促成"教学课后（2017年9月18日）	了解学生对整体教学设计、课程内容的看法，以及学习难点；征求教学建议。	微信访谈	4名学生，四级考试分数分别为540、493、453、447，来自不同专业。	4879字
句内第一轮研究的"评价"教学课前（2017年9月28日）	了解学生在完成写作任务时使用目标名词化词汇的情况和产出困难。	面对面访谈	6名学生，四级考试分数分别为618、612、516、473、446、430，来自不同专业。	13,597字
句内第二轮研究的"促成"教学课后（2017年11月9日）	获取学生对改进第二轮"促成"教学的反馈。	微信访谈	2名学生，四级考试分数分别为447、480，来自不同专业。	1209字
句间第一轮研究的"促成"教学课后（2018年11月7日）	了解学生在语篇衔接改写任务中存在的问题，以及衔接语篇名词化教学设计的不足。	微信访谈	3名学生，四级考试分数分别为503、493、441，来自不同专业。	5524字

（待续）

1　2018年9月，由于学校选课机制发生了变化，有少量未通过四级考试的学生选修了"高级英语综合课程"。

（续表）

访谈时间	访谈目的	形式	访谈对象描述	转写／整理字数
句间第二轮教学结束后（2018年11月16日—23日）	了解学生在语篇单位名词化使用不足的原因。	微信访谈	8名学生，四级考试分数分别为518、500、493、492、485、441、353、343[1]，来自不同专业。	7963字

4.3.2　学生学习日志

学生撰写学习日志"可记录学习中的感想，提出问题和困难"（王蔷2002：62）。王蔷（2002：63）指出，学生日志的优势包括如下四个方面："第一，有利于教师了解学生的需求、感受、想法和意见以及学习的困难；第二，可以使教师及时了解某一新的教学方式的效果；第三，有益于促进学生反思自己的学习，提高写作能力；第四，有利于促进师生间的平等交流。"

为了确保每次的学习日志能真实有效地反映学生的看法和态度，改进下一阶段的教学设计，笔者会精心设计日志撰写指导语和提纲，还会根据每次阶段性教学后的学生访谈数据，调整撰写提纲。为了保证数据收集的质量，笔者还将学习日志模板提交给导师，经导师指导后进一步调整。在请全体学生进行撰写前，笔者会邀请一至两名学生提前撰写学习日志，写完之后笔者根据撰写内容确定是否要增补或修改指导语和撰写提纲。为了降低每次学习日志的结构化程度，笔者鼓励学生围绕某个阶段的教学自由发表学习感受，以便保持日志内容的开放度。

在研究过程中，笔者要求学生撰写了四次学习日志，内容涉及学生在学习中遇到的困难、对教学的评估、学习收获、教学效果、对教学的建议等（历次日志模板和示例详见附录1—4）。学习日志在研究中起到了至关重要的作用。一方面，教学相长，学习日志是笔者进行学习借鉴和反思的重要信息来源，促使笔者深入了解教学设计和教学实践中的各种问题，启发笔者反思教学要素是否全面，教学设计是否合理，产出活动安排是否科学，为下一个研究阶段的理论优化和实践优化提供重要依据。另一方面，阅读学生的学习日志，促使笔者体会教学的意义，鼓励笔者把教学研究继续向前推进。学生撰写学习日志的详细情况如表4.8所示。

表4.8 学生撰写学习日志的情况

阶段	时间	目的	撰写人数
第一阶段	2017 年 10 月 30 日 /11 月 2 日	了解学生是否认识到名词化的重要性，以及他们学习名词化过程中的困难和对教学设计的看法	85 人
第一阶段	2017 年 11 月 27 日 /30 日	了解学生是否建立了正确的名词化意识，以及他们对教学要素增补和产出活动调整的看法	78 人
	2017 年 12 月 11 日 /14 日	了解学生在句内名词化教学过程中的收获，以及他们对下一步教学的意见和建议	78 人
第二阶段	2018 年 12 月 13 日	了解学生在使用名词化连接语篇中存在的困难，各项教学活动是否有助于学生使用名词化连接语篇，以及他们整个学期的学习感受与收获	31 人

为了保证学生认真撰写学习日志，笔者将每次撰写任务安排在课上，发放时间选择在课堂教学结束 10—15 分钟之前，并向学生明确两点：1）日志内容仅用于笔者了解学生们的学习感受、存在的困难，以便有针对性地改进教学，帮助他们提高；2）日志内容不会影响课程的平时成绩和总评成绩。学生当堂完成学习日志撰写并提交。

4.3.3　学生产出文本

学生写作文本是直接检测教学效果的第一手资料。为了追踪和检测学习者在写作文本中产出名词化的数量和质量，笔者通过收集学生写作文本，建立了学生名词化产出的小型语料库。

在第一阶段的教学中，笔者在两个平行班级共计 90 名学生中开展了句内名词化教学研究。在教学过程中学生完成了 6 次写作任务。为了系统分析和比较学生在教学过程前后名词化产出的情况，笔者剔除了写作任务提交不全、少量存在抄袭和雷同现象的文本，最后收录了 63 名学生的 378 份写作文本，总计形符 78,345 个。笔者对语料进行了标注，标注内容主要包括名词化是否为目标教学词汇、在句子中所充当的成分以及是否正确使用，具体标注编码详见附录 5。完成标注之后，笔者使用 AntConc3.5.0 版本，分别提取了学生使用目标和非目标名词化的总数量，以及正确使用目标和非目标名词化的总数量。

在第二阶段的教学中，笔者在所教授一个班级的 35 名学生中开展了教学研究。在教学过程中学生共计完成了 4 次写作任务。为了系统比较和分析学生在教学过程使用名词化连接语篇的情况，笔者同样剔除了写作任务提交不全、存在抄袭和雷同现象的文本，最后收录了 31 名学生的 93 份写作文本，总计形符 19,232 个。完成第二阶段的建库工作之后，笔者使用 AntConc3.5.0 软件的 word list 功能，通过 sort by word 和 sort by frequency 的选项筛选出语篇中使用的同源重复词（例如 depend、dependence），辅以人工识别，得出了学生使用名词化连接语篇的数据。

4.3.4　学生名词化测试

鉴于学界对于语法隐喻的讨论大多聚焦在小句内部（彭宣维 2016），使用名词化连接语篇只是语篇衔接手段的方式之一，且难以测评正误与否；因此，笔者仅设计了句子内部的名词化理解和产出能力的前后测试卷（见附录6），用于检测第一阶段的名词化教学效果。前测在开学第一次课进行，后测在第一阶段课程结束的前一周进行，时间各 35 分钟。测试成绩与学生在写作任务中产出的名词化数据形成三角验证。

测试题题型包括句子释义、句子改写填空、句子汉译英填空三种类型。在题目设置上进行了如下控制：1）控制题干中的词汇难度，所有单词的词根均为四级范围内的词汇，以最大限度减少由于词汇识别难度造成名词化理解和产出困难的情况；2）控制前后测题目的长度，目标名词化词汇的难度以及前后修饰语类型，以最大限度保证前后测题目的一致性；3）笔者就所有题目和评分标准与教学经验丰富的英国外教讨论，依据本族语者的语感评估答案的适切性，确定给分标准。

以句子汉译英填空题为例，测试题给出了汉语和英文的一致式翻译，要求学生使用名词化补充隐喻式翻译的空缺部分。

前测题：男性不愿意退休，这与他们将要失去金钱有关。

译法 1：Men are unwilling to retire. It is associated with the fact that they will be deprived of money.

译法 2：Men's unwillingness to retire is associated with the deprivation of money.

后测题：他们缺乏热情，这是因为他们非常关注隐私和安全。

译法 1：They lack enthusiasm and it was because they are deeply concerned about privacy and security.

译法 2：Their lack of enthusiasm could stem from the deep concern about privacy and security.

这对前后测题目的中文题干字数相当，第一种译法的词汇数量分别为 18 个单词和 15 个单词，只差 3 个单词。前测题中的单词 unwilling 改写自六级词汇 reluctant，降低了词汇难度。第二种译法所考察的名词化短语的构成类型相同，均为"指示词＋名词化＋介词短语作后置定语"。前后测题目的一致性保证了测试的信度。

4.3.5　教师课堂观察

应用语言学研究中的观察是指观察者通过自身感官（如眼、耳）或者相关辅助工具（如观察表、录音录像设备等），直接或间接（主要是直接）收集外语（或二语）课堂内外资料的一种科学研究方法（杨鲁新等 2013：67）。基于课堂观察的重要作用，笔者邀请了四位经验丰富的大学英语教师进行教学观察，其个人信息及观察阶段详见表 4.9。

表 4.9　观察教师个人信息及观察阶段

教师	教龄	学位	是否有教学管理经验	教学获奖情况	教学观察阶段
T1	11	硕士（博士在读）	否	学校青年主讲教师，全国大学生辩论赛特等奖指导教师	第一至二阶段全部轮次

（待续）

（续表）

教师	教龄	学位	是否有教学管理经验	教学获奖情况	教学观察阶段
T2	23	硕士	有	学校优秀教学质量奖三等奖，曾任教学主岗	第一阶段第一轮
T3	22	硕士	有	学校优秀教学质量奖一等奖，演讲与辩论第二课堂负责人	第一阶段第一轮（部分课程），第一阶段第二轮
T4	33	本科	有	北京市教学名师，国家精品课程负责人，学校教学督导专家	第一阶段第二轮

由于教学研究持续时间较长，且笔者所在高校大学英语教师分布在不同校区上课，因此很难同时找到多位课堂观察人员进行全程教学观察。经过协商，T1 全程观察了笔者的教学，T2、T3 与 T4 观察了部分教学轮次。这四位老师教学经验丰富，教学能力强，均为学校的教学骨干，评课经验丰富，为教学研究提供了大力支持与帮助。

"在观摩活动中，观摩者需要记录观摩的内容，或是根据事先讨论的目的和要求填写观摩记录表，在观摩课后，教师应及时同观摩者进行交谈、征求和交换意见。"（王蔷 2002：70）为了系统记录观察过程，实现持续不断改进教学实践的目的，并对观察的效度和信度进行检验和控制，笔者设计了课堂教学观察表（见附录 7）。观察表包括教师教学和学生学习两个观察维度，在教师教学的驱动、促成和评价环节均设置了观察点，具体包括教学目标清晰度、教学内容与目标是否匹配、内容难度是否合适、课时分配是否恰当、课堂氛围和师生互动等内容。学生学习的观察点包括听课专注度、参与课堂活动的积极性和回答问题的质量。为了方便观察教师反馈对课堂教学的评价，笔者在观察表上设置了五个数字，分别代表对各个观察点的评价：1 代表较高程度的评价，5 代表较低程度的评价，1—5 中间的其他数字所代表的评价从高到低。观摩教师按照观察和听课感受如实进行勾选。

笔者还在观察表的各个观察点后设置了"简要评价与证据分析"栏目，用于观察教师记录课堂观察的详细内容、意见或建议。这些数据不仅是笔者改进教学的重要依据，而且与教师访谈数据之间形成了数据之间的三角验证。

4.3.6　教师访谈

"很多来自研究实地的经验表明，访谈在很大程度上受到访谈者个人素质及其与受访者之间关系的影响，访谈成功与否并不完全取决于访谈者使用的具体技巧。"（陈向明 2000：182）笔者与全体观察教师均有过合作研究或共同工作的经历，相互之间非常熟悉，这为访谈奠定了良好基础。

"访谈时间和地点应该尽量以受访者的方便为主。"（陈向明 2000：174）笔者邀请的观察教师均为女性，除了教学工作之外还要照顾家庭和孩子。课程结束的时间一般在下午 5 点钟，在征求了各位观察教师的意见之后，笔者把访谈地点定在了上课教室，控制在 10—15 分钟以内。

正式访谈之前，笔者一般会与观察教师简短交流教学工作或日常生活的情况作为预热，等学生全部离开教室之后开始正式访谈。各位观察教师一般不等笔者发问就直接对照观察表中的观察点进行评价，指出教学活动设计的优缺点，结合学生的听课情况提出教学意见和建议。在访谈过程中，笔者会逐一予以回应，并与观察教师就教学活动设计中的问题进行研讨。观察教师访谈信息详见表 4.10。

表 4.10　观察教师访谈信息

访谈次序	访谈对象	访谈时间	访谈内容	录音时长（分钟）	转写字数
1	T2	2017/09/07	第一阶段课程导入及第一次驱动教学	06:48	2383
2	T1	2017/09/08	第一阶段课程导入及第一次驱动教学	微信补访	773
3	T1	2017/09/18	第一阶段第一次促成教学	15:55	5516
4	T2	2017/09/21	第一阶段第一次促成教学	7:51	3347
5	T1	2017/10/09	第一阶段第一次评价教学	5:50	1967

（待续）

（续表）

访谈次序	访谈对象	访谈时间	访谈内容	录音时长（分钟）	转写字数
6	T3	2017/11/02	第一阶段第二次驱动教学	9:22	2840
7	T3	2017/11/02	介绍整体教学设计	11:29	4014
8	T3	2017/11/06	第一阶段第二次促成教学	4:34	1566
9	T1	2017/11/06	第一阶段第二次促成教学	7:18	2382
10	T1	2017/11/20	第一阶段第二次评价教学	11:22	4070
11	T1	2017/12/11	第一阶段第三次评价教学	12:29	4668
12	T4	2017/12/14	第一阶段第三次评价教学	5:29	1919
13	T1	2018/11/01	第二阶段第一次驱动教学	10:11	3451
14	T1	2018/11/15	第二阶段第一次促成教学	10:34	3641
总计				119:12	42,537

教师访谈共计 14 次，其中第一阶段教学 12 次，第二阶段教学 2 次。在第一次"驱动—促成—评价"教学流程中，笔者每次课后都访谈了观察教师，之后只有当教学流程根据教师和学生的反馈进行较大调整后，笔者才会访谈观察教师。此外，第二阶段访谈的次数大大少于第一阶段的访谈次数，这是因为句间名词化教学以句内名词化教学为基础，在第二阶段笔者没有邀请 T1 重复观察句内名词化教学，只观察了句间名词化教学，所以访谈次数相应减少。全部访谈数据由笔者和一名信息工程专业的研究生进行转写和校对，转写主要由研究生负责，最后笔者逐一进行了校对。

4.4　数据分析

产出导向法提倡在真实的教学生态下开展教学研究，收集来自多类型、多渠道的数据。数据分析以质性分析为主，量化分析为辅，通过多类型数据之间的三角验证加强研究的效度和信度。在本研究中：

1) 采用质性方法分析教师和学生访谈数据、教师教学观察数据，以及学生学习日志数据。这三类数据是笔者了解学生名词化产出困难和教学效果的重要途径。在数据分析中，笔者首先对原始数据进行编码。通过反复阅读数据文本，概括学生学习困难和教学效果的关键词，形成一级编码；之后，对一级编码进行意义归纳和分类，提炼出不同的学习困难类型和相关教学效果，形成二级编码；随后，将二级编码进一步抽象化，形成名词化产出困难和教学效果的不同维度。

名词化是二语学习的难点，学生产出名词化存在多方面的困难，如词形转换、搭配名词化的介词使用理据、表示逻辑关系的动词、名词化转换中的语序问题等。以介词的使用和教学效果编码为例，编码示例详见表 4.11。

表 4.11 "介词的使用和教学效果"数据编码示例

原始数据	一级编码	二级编码	三级编码
使用抽象名词时主要困难主要有不知道名词应该用什么介词去连接。	选择与名词化搭配的介词有困难	搭配名词化的介词使用理据	学生产出名词化的难点
对于介词的选择总犹豫不决，希望老师可以简单进行分类汇总。	介词的使用有困难		
第二轮写作时学生表示介词使用困难，因此课上进行了专门介词的训练……介词部分设计好，真正帮助大学生掌握运用名词化的难点。	介词教学设计针对了难点	介词教学设计具有针对性	教师对教学有效性的评价
比较关注介词的搭配，给予了一定的总结，有一定的针对性。	介词搭配讲解有针对性		
老师对于介词的讲解了了我在第一单元对名词化后不知道用什么介词的困惑，十分解渴，有用。	介词讲解解渴	介词教学讲解有效	学生对教学有效性的评价
对介词核心意义和引申意义的强化讲解，让我以后不用只凭语感判断介词。	介词意义讲解有帮助		

完成数据编码后，笔者对编码结果进行三角验证，分别查看教师和学生对教学有效性的评价是否逐一解决了学生产出名词化的难点。

2）从时间和产出内容两个维度分析了学生写作文本。在时间维度上，根据每轮教学的推进，对不同时间段的名词化产出数量和质量进行纵向跟踪对比；在产出内容维度上不仅考察目标名词化的使用情况，还考察非目标名词化的产出情况，以分析学生的名词化产出能力是否发生了迁移。

研究的第一阶段"句内名词化教学"包含两轮研究，第一轮研究包括两个写作任务，第二轮包括四个写作任务。为了纵向对比学生名词化产出的情况，笔者选取了四个时间节点（见图4.1），不仅在两轮研究内部分别对比学生在T1A与T1B、T2A与T3B的名词化产出情况，还在第一阶段的研究结束后对比学生T1A与T3B的名词化产出情况。对比维度既包括名词化使用的数量，也包括使用的质量，即正确使用名词化的数量。第一阶段的各项原始数据利用语料库软件AntConc3.5.0版本提取，经过标准化计算后，采用SPSS 21.0进行统计分析。

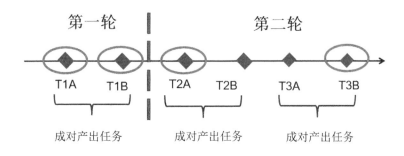

图 4.1 第一阶段选取产出数据的时间节点

研究的第二阶段"句间名词化教学"也包含两轮研究，每轮分别包括两个产出任务。为了纵向对比学生使用名词化衔接语篇的情况，笔者选取了两个时间节点（见图4.2），在第二阶段的研究结束后对比学生在T1B与T2B中使用名词化衔接语篇的情况。数据采用SPSS 21.0进行统计分析。

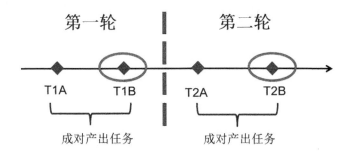

图 4.2　第二阶段选取产出数据的时间节点

3）采用 SPSS 21.0 对比名词化理解与产出的前后测成绩以及历次写作任务中名词化产出的数量，具体步骤如下：第一步，检验学生的名词化理解与产出成绩是否符合正态分布；第二步，采用配对样本 T 检验考察学生在历次教学之后名词化理解与产出的变化。

第五章　句内名词化教学

本章具体说明如何基于 POA 开展句内名词化教学。根据名词化教学模型，句内名词化教学包括短语内部与句子单位两部分，分别在词汇单位、短语单位和句子单位展开，三个单位的教学要素和产出活动的对应关系具体如图 5.1 所示。

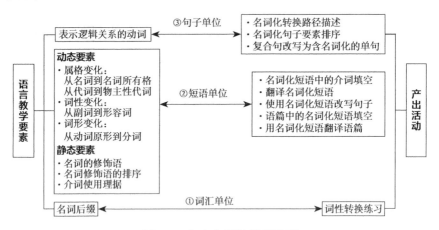

图 5.1　句内名词化教学模型

需要说明的是，名词化教学模型并非一蹴而成的，而是依据辩证研究范式（文秋芳 2018b，2020），在 POA 教学法的指导下，由语言学名词化的研究成果转化而来的。笔者在教学实践中不断优化该模型，不断增补教学要素，完善产出活动。短语单位和句子单位的名词化教学分属不同教学阶段，前者所涉及的教学要素和产出活动比后者更为丰富。

5.1　短语内部的名词化教学

笔者于 2017 年 9 月—10 月开展了短语内部的名词化教学研究，研究历时 6 周，总课时为 7。具体授课内容与课时分布见表 5.1。

表 5.1　短语内部的名词化教学安排

课时	授课内容：第一组目标名词化
2	**前测：**名词化理解与产出测试（内容详见 4.3.4 节） **导入课程：**英语中的名词化现象及英汉名词化对比
1	**驱动①：**布置产出任务 T1A，讨论写作论点与结构
2	**驱动②：**对比学生产出文本与教学输入文本 **促成①：**目标名词化用法讲解与产出练习
1	**促成②：**布置写作任务 T1B，讨论写作论点与结构
1	**评价：**评价学生 T1B 产出文本中目标名词化的数量和质量

前测和导入课程用时为 2 课时，在第一次课上完成。驱动、促成和评价活动用时为 5 课时，分别分布在 5 个教学周，以便教师对学生写作文本进行评估后设计和调整教学。在驱动教学之前，笔者对学生进行了名词化理解与产出能力的前测，并开展了导入课程的教学。短语内部的名词化写作主题、任务与目标名词化词汇如表 5.2 所示。

表 5.2　短语内部名词化写作任务与目标名词化

主题	写作任务	目标名词化词汇
现代科技对人类生活的负面影响	The Negative Effect of Massive Use of Robots in Life and Industry	popularity、applicant/application、consideration、belief、dependence/reliance、necessity、replacement/substitute/substitution
	The Negative Impact of Social Networking on Reading	

5.1.1　导入课程

在导入课程中，笔者向学生介绍了学术英语语篇中的名词化现象，并与汉语中的名词化现象进行了对比，结合精选语料和英汉语言文化的差异进行讲解，旨在说明掌握英语名词化的重要性及相关学习要点。在讲解名词化的重要性时，笔者首先向学生呈现包含多个名词化的句子，要求学生阅读和翻译。举例如下：

Reluctance (不情愿) among men to retire was associated mainly with anticipated deprivations of money rather than of attachment to work.

该句标注了唯一的六级词汇 reluctance 的中文意思。在学生翻译之前，笔者带领学生回顾了句中 anticipate、deprive、attach、associate 等四级词汇的含义。很多学生表示他们虽然没有词汇方面的障碍，但仍存在理解困难。之后，笔者呈现了上面句子的一致式形式：

Men feel reluctant (不情愿) to retire. It was associated with the fact that they anticipated that they would be deprived of money. It was not associated with the fact that they felt attached to their work.

对于第二个句子，大部分学生表示很容易理解。经过几对类似句子的分析，他们很快注意到了名词化现象，明确了名词化是学术语体和正式书面语体的主要语言特征，也是造成他们句子理解困难的主要原因。

之后，笔者讲解名词化产出的要点。首先，以成对形式呈现多组用非名词化和名词化形式表达的句子。对于以名词化形式表达的句子，将句子中涉及名词化的部分留空，要求学生进行填空练习。示例如下：

The doctor arrived quickly and examined the patient carefully, as a result, he recovered very soon.

The doctor's quick arrival and careful examination of the patient brought about his speedy recovery.

在多组填空练习中，笔者针对名词化语言形式特征、一致式向名词化语法隐喻的转换过程，进行了分析讲解，引导学生"注意"到名词化学习中的语言要素。此外，笔者还向学生介绍了英汉名词化的对比研究成果，从使用频率和构型两方面对比了英汉名词化的差异。首先，汉语中的语法隐喻使用程度整体上比英语低，英语中形容词和动词的名词化使用程度分别是汉语的四倍和两倍

（杨延宁 2020）。其次，英汉名词化在构型上存在巨大差异。在汉语名词化的过程中，语言形态、成分排序和结构变化相对不大，转换前后的外在形式极为相似；英语名词化过程则采用大量的词缀标记、语序变化、从小句到名词词组或从小句复合体到小句的不同构型来体现，词汇语法形态的变化较大。虽然名词化在英汉正式书面语文体中都是重要的语义表达资源，但上述两方面的差异导致中国学生不擅长使用英语名词化。

名词化成为中国二语学习者的难点，在英汉文化思维差异上也存在根源，主要包括英汉主客体意识、理性 / 悟性方面的差异（连淑能 2010；刘宓庆 2006）。其一，英语注重客体意识，汉语注重主体意识。在客体意识的主导下，西方文化对世界采取二分法，即主客体分离，自我意识与认识对象分离，来划分内心世界与外部自然界。强调在认识和描绘客观世界时，需排除主观因素，精确地加以认识和描述。为此，在学术语篇和其他正式书面语篇中，要排除人的主观因素，不仅倾向于以物称作主语，还要把动作过程、性状描写、逻辑关系等难以控制的事件、难以描述的性质和表征的逻辑关系进行"物化"或"人物化"（人的存在也是客观的），使得事件和性质处于相对静止的状态。在词汇单位上就是把动词、形容词等变成名词。

其二，英语重理性，汉语重悟性。英语所代表的西方文化，深受古希腊文化中注重理性的逻辑思维的影响。古希腊数学高度发达，所蕴含的精确性思维对西方文化、语言均产生深远影响；在语言上表现为具有严谨的语言形式逻辑，在词汇单位上体现为词汇的形态变化，即当名词化发生时，英语的形容词和动词转化为名词。在语言成分衔接手段上，英语主要通过连词、介词、分词等连接语篇，而汉语主要通过语序连接语义成分。中国二语学习者对英语衔接手段的掌握非常薄弱，这致使二语学习者在使用名词化作为语篇衔接手段方面，存在较大困难。

5.1.2　驱动：写作任务驱动

在驱动教学环节，笔者布置了第一个写作任务 A1，向学生呈现交际场景，介绍写作的话题、目的、身份、场合：学生们要参加暑期国际夏令营选拔活动，夏令营的主题为人工智能，参加选拔的学生要上交一篇议论文，题目为"大量使用机器人的负面影响"。在夏令营学习活动结束后，参营学员要把该议论文扩展为一篇学术论文，向参加夏令营的各国教授和学生报告。

为了促使学生在写作过程中聚焦语言形式，笔者在课堂上组织学生进行写作主要论点和结构的讨论，教学时长为1课时。写作的第一部分为主题导入，主要内容为：人工智能对人类社会的发展有巨大的作用，机器人在人类生活和工业生产中得以广泛应用，但也引发了一些负面影响。第二部为写作的主体，主要论点包括：第一，过度依赖人工智能，致使人类丧失基本动手技能、创造性等重要的素质；第二，人工智能可能会引发大范围的失业现象，产生诸多社会问题，例如社会不稳定、不公平等；第三，高度发达的人工智能存在失控的可能性，可能会对人类生存产生威胁。第三部分为总结，主要内容为——人类需要理性使用人工智能，并保持不断创造和创新的能力。讨论课后，学生完成写作任务并在批改网上提交写作文本。笔者从学生的写作文本中挑选出具有代表性的样本，在课堂上带领学生针对文本中存在的内容、语言和结构问题进行详细分析，鉴于内容与结构问题与本研究的目的不直接相关，在此不进行详细汇报。本书重点分析如何引导学生发现代表性文本中存在的语言问题。文本示例如下：

Recently, World Educational Robots Contest has been held in Yizhuang. **It** provoked me into thinking what robots can give us.

Certainly, **robots** can bring us convenience. However, does it mean that **robot** is never harmful to us? The answer is "no". There is the innate tendency for humanity to turn lazy. And **we** were greedy for what we want. **Robot**, as workforce, is more inexpensive than manpower. With robots working more and more accurately, **human** will be trapped in unemployed status. Meanwhile, on account of convenience robots bring to us, **we** will lose our last time for exercise. **We** might be obese and suffer from cardiovascular disease. Therefore, **we** should know that enough is enough. **We** ought to know how to use robots.

In future, there will be a variety of robots, which will specialize in medical treatment, industry, agriculture, even in science. Only when **we** have knowledge of consequence and security of robot, can **we** use it to make our lives more convenient.

上述文本包含 15 个句子，其中 10 个句子分别以人称代词（we、it）、物质名词（robot）和集合名词（human）作主语，句式结构单一，多为主谓宾结构和一致式表达。文本中句子的词汇密度也较低，其中单句的词汇密度在 4—6 之间，两个小句复合体的词汇密度分别为 4 与 7.5。虽然整个文本没有大的语法错误、搭配问题，但由于使用了过多的一致式和口语化的词汇，导致整体语言风格不够正式，缺乏学术文本的特征。分析完代表性产出文本之后，笔者向学生呈现教学输入材料，简要对比两个文本中句子主语、句子结构和词汇密度之间的差异。

通过驱动教学的写作实践，学生认识到自身产出名词化的能力不足，深化了对名词化的理性认识，激发他们学习名词化的"饥饿感"和学习兴趣。

5.1.3 促成：单句转化为名词短语

促成教学的第一步是向学生提供输入材料。该材料以写作任务 T1A 为主题，包含 195 个单词和多个目标名词化词汇，表意流畅自然，长度和难度均适宜，符合学生的语言水平。笔者要求学生观察文本，找出文本中的全部名词化语料，引发他们"注意"到名词化的语言要素。分析完输入材料之后，具体开展单词和短语单位的促成教学。

（1）词汇单位的促成

笔者从每个目标词汇的一致式导入，先呈现形容词和动词原形（popular、apply、consider、depend/rely、believe、replace、substitute），确认学生都能识别，再呈现它们相对应的名词形式，由熟到生，加深学生对目标名词化（popularity、applicant/application、consideration、dependence/reliance、belief、necessity、replacement/substitute/substitution）的认知和记忆。

　　讲解目标词汇的用法之后，以词形变化填空练习的形式巩固学生对单词形态的学习。示例如下：popular—popularity，replace—replacement，believe—belief。

　　由于英语中有大量的抽象名词后缀，在有限的课堂教学时间内无法一一进行讲授。笔者给学生提供常见的英语名词后缀表（详见附录 8），表格包括常见后缀、意义和词汇示例三项信息，要求学生将在课堂教学和补充阅读材料中碰到的实例填入表格。例如，学生完成上述目标名词化的学习后，笔者要求学生把 application 和 consideration 填入 -tion 词缀后的示例单词中，把 popularity 和 necessity 填入 -ity 词缀后的示例单词中，帮助学生通过名词化范例快速建立起名词化过程中的词形转换意识。

（2）短语单位的促成

　　笔者从词汇搭配的角度讲授目标名词化的各类修饰语，主要包括"动词＋名词"搭配，"形容词＋名词"搭配和"名词＋介词"搭配。以目标词汇 dependence 和 reliance 为例，讲解内容如下：

- 熟词：v. depend/rely + on/upon
- 生词：n. dependence/ reliance
- v. + n.：place/ reduce/reinforce ~ (on) 依赖于
- a. + n.：great/heavy/strong ~ 非常依赖 / 严重依赖 / 很强的依赖
- overdependence/ overreliance … 过度依赖……
- n. + prep.：~ + on

　　在目标名词化的讲解过程中，笔者呈现语料，引导学生"注意"核心名词前置修饰语和后置修饰语的位置，并向学生讲解名词修饰语排序的显性知识。

- 该国对海外石油的严重依赖

  the country's heavy dependence/reliance on foreign oil.
- 人们对塑料袋的依赖对自然造成了极大的威胁。

  People's dependence/reliance on plastic bags poses great threat to nature.

完成目标名词化的用法讲解后，笔者设计了多个产出练习，产出单位从小到大，难度递增，循序渐进地提供脚手架，以帮助学生强化名词短语修饰语排序的显性知识。在练习语料的设计和选用上，笔者采用了大量产出任务语义场下所需要的语言表达。

（1）产出练习一：短语单位的介词填空

介词是中国英语学习者的薄弱点，他们通常使用前置修饰语而非由介词引导的后置修饰语修饰核心名词。笔者设计了介词填空练习，促使学生掌握名词化短语中的介词用法。例如：

- the replacement of robots for humans in industry 在工业中用机器人替代人类
- there is no substitute for the practical experience. 实践经验是无法替代的。
- a firm believer in healthy life style 一个坚定相信健康生活方式的人
- a heavy dependence on robots 对机器人的依赖
- the necessity to provide a better quality of life 提供更高质量生活的必要性

（2）产出练习二：名词化短语翻译

名词化短语翻译增大了产出单位，提高了语言加工的难度，部分语料与介词填空练习相同，以便控制产出难度。示例如下：

- 对人类未来的认真思考 serious consideration of the future of mankind
- 对机器人的过度依赖 the overdependence on robots
- 保持我们能力的极大必要性 the great necessity to maintain our competence
- 坚信社会平等 strong belief in social equality
- 用机器人替代人类 the replacement of robot for humans

（3）产出练习三：用名词化短语改写小句

由于学生的名词化产出能力有限，因此在产出任务 A1 的写作文本中存在大量一致式的句子，笔者选取了学生写作文本中包含目标词汇形容词和动词原形的语料，要求学生把句子改写为名词短语。学生产出的一致式语料示例如下：

- When robots become popular, what will happen to our work and life?
- What we need to do is using robots in a correct and proper way.
- We rely strongly on robots. It has problems.
- Robots have been widely applied in various aspects of our lives. They make our life convenient.

笔者引导学生采取如下步骤进行句子改写。

第一步：定位每个句子中目标词汇的形容词或动词原形，然后将其变为相应的名词化形式。

第二步：根据目标词汇的搭配知识（即修饰语）和修饰语排序知识，把相关句子成分变为抽象名词的修饰成分。

第三步：分析句子成分的语义逻辑关系，重新组织句子成分，形成新的隐喻式名词短语。

改写后的隐喻式：

- With the popularity of robots, what will happen to our work and life? （小句转换为由介词引导的名词短语）
- It is of great necessity for us to use robots in a correct and proper way. （名词性从句转换为名词短语）
- Our strong reliance on robots has problems. （小句转换为名词短语）
- The wide application of robots in various aspects of our lives makes our life convenient. （小句转换为名词短语）

（4）产出练习四：语篇单位的名词化短语填空

语篇单位名词化短语填空练习的语料为教学输入材料 A1，在该练习中，输入材料被改编为语篇填空练习，空缺出目标名词化短语，并提供中文翻译，要求学生进行填空练习。

The progression of technology is inevitable and undeniable. With the popularity of robots (随着机器人的广泛普及), what will happen to our work and life? From my point of view, when the wide application of robots (机器人的广泛应用) becomes a mainstream in industry and people's daily lives, its negative impact is emerging.

For one thing, the overdependence on robots (过于依赖机器人) is highly likely to disable human beings, depriving them of adequate opportunities to cultivate elementary skills, creativity and other significant qualities. For another, when massive amounts of people are laid off due to the replacement of robots for people (机器人替代了人类), in view of social stability and equality, serious consideration (认真考虑) should be given by governments toward unemployment issue. What is worse, the ever-increasing development of artificial intelligence may get out of control, posing big threats to humans ourselves.

Therefore, I am a firm believer (我坚信) that exploring and using high-tech devices like robots is essential for humans to carry forward modern civilization. And at the same time, it is of great necessity for us to (我们有必要) maintain our competence to create and innovate. Do bear in mind: humans should utilize robots rationally.

（5）产出练习五：用目标名词化短语翻译中文语篇

中文语篇翻译练习是英文语篇填空练习的中文版本，采用黑体字提示学生关注目标名词化短语。从语篇单位的名词化短语填空过渡到使用目标名词化短语翻译语篇，不仅进一步提高了语言加工的难度，而且增加了目标词汇的应用频率，促使学生的名词化显性知识向隐性知识转化。中文语篇的内容如下：

> 科技的进步无可避免和辩驳。**随着机器人的广泛普及**，我们的工作和生活会发生什么呢？在我看来，**机器人的广泛应用**在工业和人类生活中成为主流，其负面影响就会出现。
>
> 其一，**过于依赖机器人**非常可能让人类变得无能，导致人类丧失了充足的机会培养基本技能、创造力和其他重要的素质。其二，**由于机器人替代了人类**，大量人下岗失业，鉴于社会稳定与公平，政府要**认真考虑失业的问题**。更为糟糕的是，不断增长发展的人工智能可能失控，对我们人类造成威胁。
>
> 因此，**我坚信探索和使用**诸如机器人的高科技设备对于人类文明的推进非常必要。同时，**我们有必要保持创造和创新的能力**。一定要记住，人类要合理使用机器人。

在上述语篇填空练习和语篇翻译练习中，"使用指定目标语言完成翻译练习，一方面为学生提供了关键语言资源，降低了完成任务的难度；另一方面，重点目标语言在变换的任务中高频集中产出，不断激活语言产出路径，助力语言使用"（邱琳 2017：390）。

（6）产出练习六：布置新的写作任务

最后一个促成教学设计为布置新的写作任务 B1。该任务与写作任务 A1 属于同一写作主题"现代科技对人类生活的负面影响"，创造出让学生继续使用目标名词化词汇的语境。笔者鼓励学生在任务 B1 中使用目标名词化词汇，促使学生把应用名词化的能力迁移到新的写作语境中，以达到巩固学习的目的。

写作任务 B1 的主题为 "The Negative Effect of Social Networking on Reading"。在布置任务 B1 时，参照任务 A1 的流程，用一课时组织学生进行写作论点和结构的讨论，以促使学生在写作过程中聚焦语言形式。写作任务 B1 的第一部分为导入，主要内容为：随着各种移动社交网络的流行，人们过多依赖社交网络阅读，这产生了很多负面影响。第二部分为写作的主体，主要论点包括：

1）社交网络上有大量垃圾信息，会降低阅读效率，浪费读者的时间；2）任何人都可以在社交网络上发布信息，阅读信息的可靠度和真实性难以保障；3）社交网络阅读本质上是快餐式阅读，提供的信息和观点往往缺乏系统性和关联度，不能激发深刻的思考。第三部分为总结，主要内容为：完全依靠电子阅读不可取，人们有必要通过纸质书本进行系统性的深度阅读。

在短语内部的促成教学练习中，笔者设计了从单词到语篇单位的结构化练习，练习形式丰富多样，以搭脚手架的方式逐步促成学习者对目标名词化的掌握。笔者还布置了新的写作任务，鼓励学生把目标名词化应用到新的语境中。与前五个结构化的语言产出任务相比，第六个产出任务遵循了"按要求产出—开放性产出"的路径，"帮助学生建立语言表达信心，顺利实现语言产出进阶"（邱琳 2017：388）。在整个促成练习的语料选择上，小单位的产出语料服务于大单位的产出目标，反复呈现学生完成迁移性产出所需的语言知识，做到了促成教学设计的精准性、渐进性和多样性。

5.1.4　评价：名词化使用不足或有误的短语

短语内部名词化教学的评价对象为写作任务 B1，笔者采用了包括机器评价、教师评价、师生合作评价和学生自评在内的四种评价形式。机器评价由批改网的自动评价系统完成，评价的主要内容为学生用词的丰富度和拼写情况。学生在批改网上提交写作文本，笔者设置的评价截止时间后，学生登录网络系统即可看见。教师评价主要在促成教学课堂上开展，学生每次完成产出练习后，笔者对学生的产出情况进行即时评价。师生合作评价安排在教师评价后，评价聚焦典型样本，在一个课时内完成。学生自评安排在师生合作评价后，进一步巩固评价教学的效果。以下重点介绍师生合作评价。

由于布置写作任务时已经对内容和结构进行了讨论，因此学生产出文本中这两方面的问题较小，笔者仅做简要评价和反馈，评价的重点为学生产出名词化的情况。其一，使用名词化的数量，即学生是否使用了所学习的全部目标名词化词汇，以及从产出任务 A 到产出任务 B，使用数量是否有增加；其二，使用名词化的质量，即学生是否正确使用了名词化。

在评阅学生写作文本时，笔者详细批阅了三分之一的文本，仔细浏览了全部文本，并挑选出典型评价样本，即包含名词化产出问题的句子。典型样本的挑选遵循了产出导向法的评价原则，定位在"可改、可评的中等质量产品"。对包含了典型名词化产出问题，但同时还有其他错误类型或使用不当的句子，进行更正和修改，以便把教学评价对象聚焦于名词化。例如，样本"Second, consideration of the quality of what we read, too much entertainment news makes us get more recreation and less elicitation."，除了名词化搭配使用方面的问题，该句的语言表达也不够地道。句子被修改为"Second, in consideration of the quality of what we read, too much entertainment news brings us more recreation but less enlightenment."，再作为典型样本呈现给学生，以促使学生通过评价掌握 in consideration of 的正确用法。

在典型样本的筛选中，笔者总结了学生名词化产出四方面的问题，在评价课前将相关句子改编为句子改写和改错练习，每部分练习分别包括 10 个和 7 个句子。这四方面的问题和典型样本示例如下：

- 目标名词化不足：在促成教学环节学生学习了某个目标名词化词汇，但在写作任务 B1 中表达目标词汇所代表的语义时，没有使用目标词汇，而是用了目标词汇对应的形容词和动词。

    a. While we read online, remember not to rely on it too much. It has bad influence. （没有使用 reliance）

    b. With the development of technology, people tend to apply the mobile social networking in reading. （没有使用 application）

- 误用目标名词化词汇的词性：把目标名词化词汇用作了动词，充当句子谓语。

    We even overdependence on social networking on reading. It has negative impact.

- 误用目标名词化词汇之后的介词。

    Firstly, the reliance of social networking reading is doubtable.

- 使用名词化之后，句子结构不完整，出现语法错误。

  It is my belief that the replacement of online reading for original reading.

在评价课堂上，笔者将评价练习呈现给学生，要求学生对练习中的典型样本进行评价，识别典型样本中的问题，并提供正确答案。为了促使学生积极参与师生共评，笔者设计了小组评价练习表（见附录9），要求学生按要求填写表格，记录小组成员的评价意见。在活动中，学生按自我意愿或教师随机指定进行分组，组合成多个评价小组，每个小组包括3至4名学生，完成三个环节的评价活动。在第一个环节，学生先独立思考，完成各自负责的2至3个练习题目。为了保证学生认真参与，学生在填写所负责题目的答案时，要在答案后写上姓名。在第二个环节，学生与小组成员进行交流，讨论答案是否正确，可以根据讨论修改答题记录。在第三个环节，教师通过课堂问答互动了解学生的评价情况，之后公布典型样本的正确答案。各评价小组课后提交评价练习表。

经过师生合作评价，上述典型样本的修改答案如下：

- a. While we read online, remember the overreliance on it has negative influence.

  b. With the development of technology, the application of the mobile social networking in reading has become a tendency.
- Our overdependence on social networking definitely has negative impact on reading.
- Firstly, the reliance on social networking reading is doubtable.
- It is my belief that the replacement of original reading with online reading is an irreversible trend.

课堂上的师生合作评价完成后，笔者要求学生进行课下自评，评价对象是他们自己的TIB产出文本，让学生填写"自评表"并上交。自评表包括三部分内容，要求学生完成如下自评任务：分别找出产出文本中正确使用的目标名词化句子；错误使用的目标名词化句子并改正；分别找出目标名词化使用不足的句子，从一致式改写为隐喻式。评价练习自评表详见附录 10。

5.2 句子单位的名词化教学

笔者于 2017 年 10 月中旬至 12 月开展了句子单位的名词化教学研究。本轮教学研究增加了目标名词化数量和学生产出任务的数量，研究历时 8 周，总课时为 10。具体授课内容与课时分布见表 5.3。

表 5.3 句子单位的名词化教学安排

课时	授课内容：第二组目标名词化
1	驱动①：布置产出任务 T2A，讨论写作要点及结构
2	驱动②：对比学生产出文本与教学输入文本 促成①：目标名词化用法讲解与产出练习
1	促成②：布置写作任务 T2B
1	评价：评价学生 T2B 产出文本中目标名词化的数量和质量
	授课内容：第三组目标名词化
1	驱动①：布置产出任务 T3A，讨论写作要点及结构
2	驱动②：对比学生产出文本与教学输入文本 促成①：目标名词化用法讲解与产出练习
1	促成②：布置写作任务 T3B
1	评价：评价学生 T3B 产出文本中目标名词化的数量和质量

为了给学生创造更多产出练习的机会，本轮教学包括两个写作主题，每个写作主题下分别包含两个写作任务和一组目标名词化词汇。两组目标词汇的教学实践历经驱动、促成、评价教学环节，各持续 4 周。例如，写作主题二及其任务与目标名词化词汇详见表 5.4。

表 5.4 句子单位写作任务与目标名词化

主题	写作任务	目标名词化词汇
写作主题二 热点社会问题的 解决方案	T2A：Solution to the Issue of Left-behind Children	solution、access、assistance、establishment、punishment、contact、investment、choice
	T2B：Solution to the Issue of Empty Nesters	

5.2.1　驱动：写作任务驱动

在驱动教学环节，本轮教学仍然先呈现交际场景，发布写作任务。之后开展写作要点和结构讨论。鉴于本轮教学有两组目标名词化词汇和写作任务，为行文方便，本部分集中呈现产出驱动写作背景。

例如，在第二个写作主题下，写作任务 T2A 的交际场景是学生为来校工作的英国社会学教授 William Cartwright 做助教。Cartwright 教授想了解中国留守儿童的社会问题，探索解决留守儿童问题的可行方案，请学生提交一份说明文给他。笔者在课堂上组织学生进行讨论，确定了如下写作结构及说明要点：第一部分为主题导入，主要内容为经济发展与城市化现象引发大量人口前往城市务工，造成了留守儿童现象。第二部分为写作主体，从三个层面提出解决留守儿童问题的方案，主要包括：1）各级政府为满足条件的外来务工人员子女提供入学机会，使留守儿童能够在大城市接受免费义务教育，不在乡镇留守；2）当地政府发挥积极作用，为留守儿童提供实际的帮助，包括建立寄宿学校、心理咨询中心，并对针对留守儿童的犯罪行为进行严厉惩处等；3）外出务工人员平衡当前的经济利益和留守儿童长期的福祉，为孩子健康成长提供更多情感支持。第三部分为总结，主要内容为：解决留守儿童问题有赖于各级政府机构和务工人员的共同努力，需要多方投入更多社会资源。

驱动教学课后，学生提交写作任务，笔者阅读学生的写作文本，挑选出具有代表性的产出样本。在课上对照输入材料，重点分析代表性文本中存在的语言问题，尤其是与名词化相关的主语多样性、句式结构单一和词汇密度低等，以强化学生产出名词化的意识与兴趣。

5.2.2 促成：复合句转化为单句

在第二轮促成教学环节中，笔者仍然遵循 POA 精准性、渐进性和多样性原则，按照"词汇—短语—单句—语篇"促成单位设计产出活动，循序渐进地开展教学。由于本轮教学采用了新的教学材料，设置了新的产出目标和产出任务，因此在教学内容上笔者首先开展短语内部的教学，再过渡到句子单位的教学。鉴于在第一轮教学实践中，笔者已详细汇报了各语言单位的促成教学活动，本轮教学不再一一呈现，重点汇报在词汇、短语、句子和语篇单位新增教学要素的教授与产出活动改进的情况。

5.2.2.1 词汇单位的促成：教学活动翻转到线上

为了增加较大语言单位的课堂促成活动量，笔者将目标名词化的搭配知识学习以翻转课堂的形式调整到线上，提前一周做好讲义，发送到班级微信群，要求学生按照规定时间提前预习。课堂上直接开展句子、段落和语篇单位的产出活动。为了督促学生提前预习，笔者把目标名词化的各种产出练习，包括词性变化、搭配填空、短语翻译等，发送到班级微信群，请学生以接龙的形式完成练习，营造线上学习氛围，达成预习效果，详见图 5.2 。

图 5.2　词汇单位的线上促成活动微信聊天记录

从微信聊天记录来看，大部分学生均能积极参加线上的词汇翻转促成教学活动，这为后续课堂教学的开展提供了保障。

5.2.2.2　短语单位的促成：教授介词理据

英语介词用法复杂，是学生名词化产出中的难点，在产出过程中他们难以判定在目标名词化之后使用什么介词，因此出现了许多错误。班德尔（1978/1992：51-52）指出，英语中使用的 90% 以上的介词聚集在如下 9 个介词：with、to、from、at、in、of、by、for 和 on。教授常用介词的用法就抓住了学生在名词化产出中使用介词的主要矛盾和关键问题。结合第二轮教学的目标名词化和相应的介词搭配，笔者为学生讲解了介词 of、in、for、with、on、against、from、to 的核心意义和引申意义。由于数量较多，因此笔者在两个写作主题的促成课中分别进行了讲授。

针对每个介词，笔者首先讲解该词的基本意义，即核心意义，之后再拓展至该词的引申意义。基本意义和引申意义均用图片表示，以加深学生的理解与记忆。在讲解过程中，笔者注重分析核心意义与引申意义之间的逻辑关联，通过词义拓展的理据开展教学。由于学生对介词的基本意义比较熟悉，因此从义项之间的义 - 义联系出发，推导出其他引申义项，有益于学生对介词的记忆和应用。讲解完每个介词之后，笔者会给出目标词汇的介词填空练习，让学生通过实例体会该介词引申意义的用法。八个介词的义项解释与图示示例如下：

Motivation of English preposition: of

 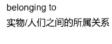

support, assistance, establishment + of

belonging to
实物/人们之间的所属关系

referring to actions to specify the person or thing that is affected by the action or that performs the action
人和行为之间的归属关系(动作承受者和动作发出者)

Motivation of English preposition: in

investment, relief + in

(showing a position) contained by, within, inside 表示位置

(showing an area of activity or employment) within, inside 表示活动或职业的范围、领域

Motivation of English preposition: for

punishment + for

buying or making sth. for someone
(表示对象) 给, 为, 供

expressing reason or cause
(表示用途或目的) 为了, 用来

Motivation of English preposition: with

contact + with

in the presence or company
of 和……（人）在一起

in the presence or company
of 和……（物等）在一起

Motivation of English preposition: on

The books are _on_ the desk.

legislation, dependence + on

(showing position) in relation to a
surface or supported by a surface
在……上

supported by
靠……支持

(showing relation) concerned with or
with regard to a subject 涉及，关于

Motivation of English preposition: against

violation, legislation + against

in an opposite direction to
（方向）逆，对着

in opposition to
（行为等）反对

Motivation of English preposition: from

support, assistance + from

from a particular place来自；
产自

from a particular person,
organization, activity;
mentioning the cause of sth.
出自，得自；因为，出于

Motivation of English preposition: to

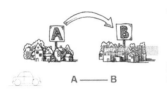

solution, opposition + to

indicating the place that sb.
moves towards 向，往，到

indicating the purpose or
intention of an action 方向、
目的

图 5.3 常用介词核心意义与引申意义示意图

以介词 to 的用法讲解为例。其基本词义为"向，往，到"某个具体的地点，其引申意义为达成某个目标，表示"方向、目的"，两者之间的共同点为从 A 点移动到 B 点，发生"位移"，实现目标。经过上述理据性分析，笔者要求学生完成关于介词 to 的填空练习，通过三个实例巩固对介词 to 表"方向、目的"义项的学习。示例如下：

- An effective solution to water shortage 解决水资源短缺的有效方案
- equal access to employment 平等工作的权利
- The best choice to minimize potential risk 减少潜在风险的最佳选择

5.2.2.3　句子单位的促成：教授语序变化和表示逻辑关系的动词

名词化发生之后的语序变化是学生掌握名词化的另一个重难点。笔者通过三个教学活动促成学生掌握语序变化。其一是句子转换路径描述；其二是名词化短语要素排序；其三是复合句改写为包含名词化的单句。

为了帮助学生掌握语序转换路径，笔者首先结合实例对语序变化规律进行了详细讲解。在名词化的过程中，语序通常会发生如下变化：

（1）语序变化的第一步

语序变化的第一步是从表语或谓语入手，定位要发生变化的形容词或动词，把该词转变为核心名词，位置前移。例如：

- If the paper medical records <u>are converted to</u> electronic ones, this will help reduce extra tests.（一致式）
- The <u>conversion</u> of paper medical records to electronic ones will help reduce extra tests.（隐喻式）

较为复杂的情况是复句中的另一个谓语发生词形变化，从动词变为分词，位置迁移到变化后的核心名词之前，成为前置定语。

- The company did not <u>expect</u> younger customers apparently <u>tend</u> to choose personalized products, which accounts for its sales decline.（一致式）

  The <u>unexpected</u> apparent <u>tendency</u> of younger customers to choose personalized products by the company accounts for its sales decline.（隐喻式）

- If inequality increases and mobility decreases, this will pose a fundamental threat to the American Dream.（一致式）

  <u>Increased</u> inequality and <u>decreasing</u> mobility pose a fundamental threat to the American Dream.（隐喻式）

（2）语序变化的第二步

第二步是原句主语的变化。依据语义逻辑关系，主语可发生三种变化：

1）变为属格，保持在句首或靠近句首的位置，用于修饰抽象名词，表示动作发出者。例如：

- We depend too much on robots. It has problems.

  Our overdependence on robots has problems.

- Consumers prefer touch-screen smartphones. This has already become a trend.

  Consumers' preferences for touch-screen smartphones have already become a trend.

在属格变化中，名词要变化为名词所有格，代词要变化为物主性代词。

2）变为由介词 of、by 或 from 引导的短语，成为抽象名词的后置修饰语，表示动作发出者或承受者。例如：

- Robots have been widely applied in various aspects of our lives. They make our life convenient.

  The wide application of robots in various aspects of our lives makes our life more convenient.

- Those countries promised to reduce emissions and submitted the promise. This led to the Paris talks.

  The emissions-reduction promises submitted by those counties led to Paris talks.

- The middle-aged strongly oppose the medical reform.

  The opposition to the medical reform from the middle-aged is quite strong.

3）省略。在名词化之前，如果一致式句子的主语表泛指，那么主语在名词化之后可省略。例如：

- If you fail to reconfirm, your reservation will be cancelled.

  Failure to reconfirm will result in the cancellation of the reservations.

（3）语序变化的第三步

第三步是宾语变化。如果名词化的动词是及物动词，其后带有宾语，名词化之后宾语要变为由介词引导的短语，成为抽象名词的后置修饰语。例如：

- Consumers prefer touch-screen smartphones. This has already become a trend.

  Consumers' preference for touch-screen smartphones has already become a trend.

- Robots can replace people in doing heavy work, thus, people could enjoy themselves more.

  The replacement of people with robots in doing heavy work makes people's life more enjoyable.

（4）语序变化的第四步

第四步是状语变化。修饰动词或形容词的状语成分从副词变为形容词，发生词性变化，位置变为核心名词的前置修饰语。

- The government should consider seriously about those unemployed people in view of social safety.

  Serious consideration should be given by the government about those unemployed in view of social safety.

- It is greatly necessary to maintain our competence to create and innovate.

  It is of great necessity to maintain our competence to create and innovate.

（5）语序变化的第五步

第五步是根据小句复合体中主从句之间的关系，补充表示语义逻辑关系的谓语。当名词化发生在小句复合体中时，主从句中的每个成分均被重新识解，成为名词和名词的修饰成分，形成名词短语。但两个或多个名词短语不能构成句子，需要补充新的谓语，体现名词短语之间的语义逻辑关系，即原主从句之间的语义逻辑关系。

- They lack enthusiasm and it is <u>because</u> they are deeply concerned about privacy and security.

  Their lack of enthusiasm <u>stems from</u> the deep concern about privacy and security.

- As the airline canceled the flight at the last minute, the travel group had no choice but to change its route.

  The last-minute cancellation of the flight by the airline <u>compelled</u> the travel group to change its route.

讲解完语序变化规律后，笔者以学生写作文本中的实例为教学素材，设计句子改写练习，要求学生以口头或填表的形式描述转换路径，掌握产出名词化过程中的语序变化。语料和表格示例如下：

- Parents should contact their children frequently to provide emotional support for them.

  Frequent parental contact with children is needed to provide emotional support for them.

表 5.5 句子转换路径描述的教学活动示例表

转化步骤	实例	语法成分、词性及位置	
		名词化之前	名词化之后
①定位名词化对象	contact—contact	谓语、动词	主语、名词
②主语变化	parent—parental	主语、名词	定语、形容词、前置修饰语

（待续）

（续表）

转化步骤	实例	语法成分、词性及位置	
		名词化之前	名词化之后
③宾语变化	children—with children	宾语、名词	定语、介词引导的短语、后置修饰语
④状语变化	frequently—frequent	状语、副词	定语、形容词、前置修饰语
⑤语义逻辑分析	条件关系（be needed）		

句子转换路径描述的教学活动帮助学生进一步掌握语序变化的显性知识。

在名词化短语要素排序练习中，笔者向学生提供汉语句子和相应的英语一致式表达，将名词化之后的句子要素打乱顺序并编号，要求学生对编号的句子要素重新排序，使之保持意义不变。例如：

- 就企业而言，开发用于老年护理设施的技术，为空巢老人的日常活动提供了诸多方便。

  一致式：On the part of enterprises, they develop the technology for elderly care facilities，proving much more convenience for empty nesters in daily activities.

  隐喻式：On the part of enterprises, ＿＿＿＿＿＿ provides much more convenience for empty nesters in daily activities.

  ① elderly care facilities ② development ③ for
  ④ their ⑤ of ⑥ technology

  答案：④②⑤⑥③① their development of technology for elderly care facilities

- 政府投入大量资金为老年人建造当地的养老院和娱乐活动中心。这是个很好的选择。

一致式：The government invests funds heavily in building the local nursing home and recreation center for the elderly. This is a good alternative.

隐喻式：The _____

is a good alternative.

① funds ② heavy   ③ the government   ④ of

⑤ in building the local nursing home and recreation center

⑥ investment   ⑦ by   ⑧ for the elderly.

答案：②⑥④①⑦③⑤⑧ heavy investment of funds by the government in building the local nursing home and recreation center for the elderly.

在学生能较高质量和快速地完成排序练习后，笔者提高产出练习的难度，设计了短语填空翻译练习，要求学生以包含名词化成分的短语进行填空。例如：

• 要建立问题汇报、干预和援助体系，例如建立寄宿学校、心理咨询中心，严惩侵害儿童权益的犯罪。

A problem-reporting, intervention and assistance system should be built, such as the establishment of boarding schools, psychological counseling center and severe punishment for the crimes against those children's rights and interests.

• 总之，留守儿童问题的有效解决有赖于各级政府机构和外出务工人员的共同努力。

In conclusion, the effective approach to the issue of left-behind children relies on the joint efforts made by government agencies at all levels and migrant workers.

讲授表示逻辑关系的动词之前，笔者首先通过提问和具体语料让学生认识到小句之间的语义逻辑关系可用多个词性表达，除了连词和介词，动词也是常用的词性。例如，笔者询问学生如何表达原因，学生反馈可以使用连词 because，介词短语 because of、due to；关于如何表达比较，学生表示可以采用介词 than 引导的比较句式；关于如何表达条件，他们表示可以用连词短语 on condition (that)。但很少有学生会采用动词或动词短语 produce、bring about、account for、compare favorably/ unfavorably、outweigh、depend on、determine 表达上述语义。这种教学互动对于学生非常重要，激发了他们学习表示语义逻辑关系动词的动力。

围绕着表示逻辑关系的动词列表（见附录 11），笔者通过三种课堂内外的教学活动帮助学生掌握该类动词，并将之用于写作活动。

第一，在课堂上讲解每种语义逻辑关系下代表性词汇的用法。采用汉译英练习的形式，先分析句子的语义逻辑关系，从动词列表中挑选出相应词汇／短语用于句子翻译。例如：

- 原句：人们过度依赖社交平台阅读，就会忽略阅读纸质书。

  语义逻辑关系分析：因果

  代表短语：result in

  翻译示例：The overdependence on social networking for reading may result in people's negligence of reading physical books.

- 原句：对于大城市的父母，选择学区房时，教育因素比生活要素更重要。

  语义逻辑关系分析：比较

  代表词汇：outweigh

  翻译示例：For most parents in big cities, educational factors outweigh lifestyle factors in choosing school district housing.

第二，在促成写作的句子改写练习中，要求学生根据主从句之间的逻辑关系，参照动词列表增补动词，构成新的小句，逐步熟悉表示逻辑关系的动词。例如：

- 学生产出任务中的原句：To solve this social problem, the urban and rural government should give more care to the left-behind children.

  语义逻辑关系分析：条件

  补充动词：The solution to this social problem <u>requires</u> more care for left-behind children by the urban and rural government.

第三，要求学生课下自学动词列表中的词汇，并在独立写作练习中使用各种语义类型的动词。例如：

条件类：The intentional neglect of aging parents will <u>incur</u> severe punishment by laws and regulations.

5.2.2.4 语篇单位的促成

语篇单位的促成活动与第一轮教学相同，包括语篇中的英文填空练习和汉译英语篇翻译练习。本轮教学增加了语篇单位促成产出的数量，从第一轮的两个写作任务增加为四个写作任务，本轮教学增加了名词化产出的训练量，加速学生的名词化显性知识向隐性知识的转化。

5.2.3 评价：名词化使用不足或有误的句子

句子单位名词化教学的评价对象主要为写作任务 B2 与 B3 中名词化使用不足或有误的句子，包括四种类型：没有使用目标名词化，误用目标名词化的词性，误用目标名词化词汇之后的介词，包含名词化的句子出现语法错误。笔者仍采用了包括机器评价、教师评价、师生合作评价和学生自评在内的四种评价形式，详见 5.1.4 节。以下重点介绍本轮评价教学的改进部分。

首先，减少了句子单位课堂上评价典型样本的数量。由于选择的典型样本量过多，因此在第一轮未能完成全部典型样本的评价；同时，第一轮中为了尽可能完成更多的典型样本评价，对样本的讨论和讲解均不充分。第一轮选取的典型样本为 16 个，在第二轮，典型样本缩减到 6—7 个，由此增加了课上学生个人思考、交流讨论和教师反馈的时间，使学生能够对典型样本进行深度评价。

其次，增加了语篇单位的典型样本改写练习，该典型样本反映了学生在名词化产出、介词的使用和表示逻辑关系动词的掌握方面的薄弱问题。以 B2 写作任务的典型样本为例：

First, Government plays a crucial role in resolving this issue in physical parts. They should build up the on-site medical insurance reimbursement system for empty nesters to reduce their pressure in economies. ① Moreover, they should invest more funds to build the local nursing home and recreation center to guarantee the safety of empty nesters. Last but not least, it's convenient to establish community nursing service for empty nesters.

Second, enterprises with acute sense of social responsibility can also provide assistance. ② They should develop the technology for elderly care facilities to strength the independence and safety of empty nesters. ③ To solve this issue, they should create labor market for the aging society, which will also bring benefits for them. Moreover, offspring of empty nesters can solve this issue in the physical and mental health of empty nesters. ④ they should not only attend to the physical needs of the elderly, but also visit and phone to their parents more frequently to conduct the Chinese virtue of filial piety.

笔者标识出该语篇中大量使用人称代词或以表示人的名词作主语的句子，要求学生对此现象进行评价，之后以小组为单位，合作改写其中四个句子：使用名词化短语替代主语，从表示逻辑关系的动词列表中查找恰当的动词建构新的句式。经过学生思考、结对子修改、大班交流等环节后，教师呈现修改答案：

① The investment of more funds in building the local nursing home and recreation center guarantees the safety of empty nesters.

② The development of the technology for elderly care facilities by enterprises strengthens the independence and safety of empty nesters.

③ The creation of labor market for the aging society also brings benefits for them.

④ Their care for the physical needs of the elderly, and frequent visit and contact with them are admirable Chinese virtue of filial piety.

再次，在师生合作评价中，提升学生参与合作评价的质量和深度。第一轮师生合作评价的实施步骤为"学生个人思考——对子／小组讨论——教师参与评价"，本轮师生合作评价的改进措施为在"对子／小组讨论"和"教师参与评价"之间加入"教师引导的大班交流"环节。具体的做法是，邀请不同的小组在黑板上写下问题典型样本的修改答案，鼓励其他小组的学生发表评价意见、提供本小组不同版本的修改答案，促使更多学生以多种形式参与到课内评价中。通过大班交流，一方面可以充分暴露促成教学中还没有解决的少量问题，通过教师的深度讲解，进行查漏补缺；另一方面引导学生对所学内容进行深度加工，增加了他们的学习频率。

最后，根据学生的语言水平调整课后评价练习的数量。典型样本被分为两部分，一部分用于课堂师生合作评价，一部分用于课外作业，让学生课下进行独立评价。这部分独立评价的典型样本，由学生根据自身的语言水平和对名词化掌握的情况自选内容和数量进行评价，完成评价后，学生会核对教师所提供的答案，以达到分层教学的目的。

第六章　句间名词化教学

本章具体说明如何基于 POA 开展句间名词化教学。依据名词化教学模型，句间名词化教学要素包括名词化重复语篇衔接手段和主述位元语言知识，对应四个产出活动，具体如图 6.1 所示。

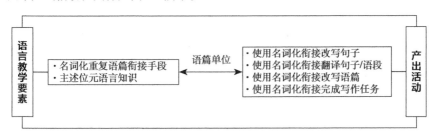

图 6.1　句间名词化教学模型

由于笔者所在高校的高级英语教学模块课时有限，每周仅有 2 学时，一学期共 32 课时，因此难以在同一批学生中同时完成句内和句间的名词化教学研究。在完成第一阶段的句内名词化教学研究后，笔者于 2018 年 9 月—2019 年 2 月，在新一批教学研究对象——2017 级的 35 名本科生中，开展了第二阶段的句间名词化教学研究，学情和教学对象的特点与第一阶段的研究具有同质性。

由于掌握句子内部的名词化用法是在句间（即语篇单位）产出名词化的基础，因此本阶段仍需对新的教学对象进行句内名词化教学，并在此基础之上开展语篇单位的名词化教学。鉴于笔者已在前文中详细汇报了句内教学的实施情况，因此本章不再逐一呈现，而重点汇报句间即语篇单位的教学内容。

本阶段的教学研究实施了两轮，轮次之间有教学迭代和优化，为了便于读者理解，仅报告优化后的研究内容。具体授课内容与课时分布如表 6.1 所示。

表 6.1 句间第二轮研究教学实践安排

课时	授课内容
1	导入课程：介绍英语语篇的结构特征，重点分析主述位元语言知识和名词化衔接手段，布置写作任务 A "Solution to the Issue of Empty-nesters"
1	驱动：布置语篇改写练习，分析学生写作样本中的名词化衔接语篇情况
2	促成①：讲解目标名词化用法，布置产出练习 促成②：讲解名词化衔接语篇的一般性原则
1	促成③：布置写作任务 B "Solution to the Issue of left-behind Children"
1	评价：评价任务 B 中使用名词化衔接语篇的数量和质量

6.1 导入课程

Halliday & Hasan（1985：81）认为，语篇"包括两方面的特征：一是结构性特征，二是非结构性特征"。结构性特征指的是主位结构和信息结构，主位是全句内容的起点或谈论的话题，述位是对主位做出的描述，主位在前，述位在后；非结构特征指的是话语内部的上下衔接（朱永生等 2001）。衔接指的是语篇中语言成分之间的语义联系，当语篇中一个成分的含义依赖于另一个成分的解释时，便产生了衔接（胡壮麟等 2017）。英汉语篇的特征不同，衔接方式存在较大差异；为了建立学生使用名词化连接语篇的意识，重视名词化在建构语篇中的作用，必须首先让学生了解各种英语语篇的结构性和非结构性特征。具体而言，就是掌握主述位推进、新旧信息交替和包括名词化在内的各种语篇衔接手段，为产出流畅、地道的英语语篇打下基础。

在导入课上，笔者结合语篇实例，带领学生逐一分析语篇中的各种衔接手段，语料实例如下：

①Life on Earth involves a myriad species interacting with each other in ways that constantly change as they evolve, differentiate and become extinct. … ② This model of evolution predicts that life of change does not evolve gradually, but intermittently, interrupted by burst of change which are characterized by mass extinctions and the emergence of many new species. … ③ In 1972, Eldredge and Gould proposed from their study of fossil records that the evolution of single species takes place in steps separately by long period of stability. ④ They named this phenomenon "punctuated equilibrium". … ⑤ Evolutionary biologists have always assumed that rapid changes in the rate of evolution are caused by external events -- which is why, for example, they have sought an explanation for the demise of the dinosaurs in a meteorite impact. ⑥ On the other hand, if life organizes into a critical states, catastrophes are a natural part of evolution. （引自韩礼德 2004/2015：207）

上述语篇包含了照应、连接、重复、同义 / 反义四种衔接方式。笔者就同源重复，即名词化衔接的语料和名词化起到的语义连贯作用进行了重点分析。语篇中出现了三次同源词重复，包括 evolve/evolutionary/evolution、change/change、extinct/extinctions。这三组同源词在语篇推进中起到了至关重要的作用。以第一组同源词为例，evolve 在句①中以一致式的小句形式说明了物种的演变、分化和灭绝，在句②中被名词化为 evolution，成为小句的主位成分，作为下一步论述的出发点。同样，在句②的第二个小句中 evolve 首先也是以一致式的形式出现，即 "life of change does not evolve gradually, but intermittently"，在句③中又得以名词化。虽然这个名词化不是用作主位，但用作了新的述位和新的信息焦点。在句⑤中 evolutionary 首先作为一致式出现，在其后的小句中又作为主位信息的组成部分 evolution 出现。这种通过名词化所进行的主述位交互变化构成了新旧信息的不断更迭，在整个语篇中构成稳定的信息流，把语篇有效衔接起来。通过对语篇实例的具体分析，笔者帮助学生认识到英语是一种形合的语言，存在丰富多彩的衔接方式，除了"连接"衔接手段，还存在名词化等其他多种衔接手段。只有综合运用各种衔接手段，才能产出语义连贯的语篇。

为了加深学生的认识，笔者还向学生展示了相邻句子和语篇片段中的名词化衔接语篇的语料，并说明使用名词化对于衔接语篇的作用。例如：

- Mary is very responsible for her job. This responsibility contributes to her promotion.
- In a way, genetically modified crops are invisible. You can't see, taste or touch a gene inserted into a plant or sense its effects on the environment. You can't tell, just by looking, whether pollen containing a foreign gene can poison butterflies or fertilize plants miles away. That invisibility is precisely what worries people.

在讲解过程中，笔者总结了在语篇中应用名词化衔接手段的具体操作方法为：从上文中的已知信息（形容词和动词）出发，在邻近句子或段落中重复或总结信息，把已知信息变成主位信息，并通过单句翻译练习示范了转化过程。例如：

（翻译）老年人应该避免吃高糖、高热量食物。避免这些食物对他们的健康有益。

Senior citizens should avoid having high-salt and high-calorie food. The avoidance of these foods will have beneficial effect on their health.

在导入课程之后，笔者布置了写作任务 A，即 "Solution to the Issue of Empty Nesters"。课堂上师生一起讨论写作要点和结构，教师鼓励学生在写作中使用名词化衔接语篇。学生上交写作任务之后，笔者批阅作文，挑选出教学样本。该样本反映了学生在使用名词化衔接语篇方面存在的不足，经过笔者和外教修改与润色，改编为语篇改写练习。

6.2 驱动：改写语篇

在驱动教学部分，笔者布置了语篇改写练习 A。改写练习重复使用了四个动词和一个形容词（每个词出现两次），所在句子均为一致式。改写练习文本如下：

Nowadays, more and more young people live and work in big cities, leaving their old parents in the hometown without being properly cared for both physically and spiritually. Given the growing number of the aging empty nesters and the alarming situation, it is very necessary to solve the problem in a timely and efficient way.

The joint efforts from all sides of society are needed to solve this issue. First and foremost, the government should lead the way in addressing the issue. The on-site medical treatment services for the seniors who live with their offspring in other cities should be established. Also, more funds should be invested to build the local nursing home and recreation center for the elderly, attending to their physical and spiritual needs.

Second, enterprises with acute sense of social responsibility can also assist in this issue. They can invest money in developing the technologies for elderly care facilities, which not only benefits the aging people but also opens up more business opportunities.

For the offspring's part, despite much inconvenience in attending to their parents' physical needs, they should care for the spiritual needs of their parents by more visit and contact.

In conclusion, leaving the elderly improperly cared for is the shame of a nation. It is necessary to involve the joint efforts from all sides. Except for the efforts made by government agencies and the children of empty nesters, the enterprises and some voluntary organizations can also assist.

笔者要求学生找出改写练习文本中所有重复使用的形容词和动词，并把重复使用的第二个单词改写为名词化，用于连接语篇。学生在课堂上完成改写练习后，笔者给学生提供由笔者和外教共同修改的示范语篇，该语篇包含了一个在邻近句子之间使用的名词化和三个跨越语篇片段使用的名词化。笔者要求学生把示范语篇与自己修改的语篇进行对比，以认识到自己在使用多种语言衔接手段方面存在的不足，产生学习使用名词化衔接语篇的动力。示范语篇的内容如下：

Nowadays, more and more young people live and work in big cities, leaving their old parents in the hometown without being properly cared for both physically and spiritually. Given the growing number of the aging empty nesters and the alarming situation, it is very necessary to solve the problem in a timely and efficient way.

The solution to this problem needs the joint efforts from all sides. First and foremost, the government should lead the way in addressing the issue. The on-site medical treatment services for the seniors who live with their offspring in other cities can be established. Also, more funds should be invested to build the local nursing home and recreation center for the elderly, attending to their physical and spiritual needs.

Second, enterprises with acute sense of social responsibility can also assist in this issue. The investment of the technologies for elderly care facilities not only benefits the aging people but also opens up more business opportunities.

For the offspring's part, despite much inconvenience in attending to their parents' physical needs, their care for the spiritual needs of their parents can by realized by more visit and contact.

In conclusion, leaving the elderly improperly cared for is the shame of a nation. The necessity of involving the joint efforts from all sides is urgent. Except for the efforts made by government agencies and the children of empty nesters, the assistance provided by the enterprises and voluntary organizations is also of great importance.

驱动课后，学生的改写练习被收回。笔者再次分析学生的产出任务 A 样本和改写练习样本，以期发现学生的产出缺口，为促成教学做好准备。经过详细的文本分析，笔者发现学生具有四个产出缺口：第一，使用了名词化衔接语篇，但名词化本身使用有误；第二，没有采用名词化衔接语篇，重复使用一致式动词或形容词；第三，没有恰当地使用主述位推进衔接语篇，即名词化在前，一致式的动词和形容词在后；第四，过度使用名词化衔接语篇。在这四个缺口中，第一个产出缺口与学生句内名词化的产出能力有关，主要包括误用词义、误用词性、误用介词搭配等，详见如下示例。

- For the offspring, the <u>attendance</u> to the physical needs of the orderly and more contact with parents are required to be done. （误用词义）
- Also, more funds should be <u>invested</u> to build the local nursing home and recreation center for the elderly, attending to their physical and spiritual needs. ...They can <u>investment</u> money in developing the technologies for elderly care facilities, not only benefits the aging people but also opens up more business opportunities. （误用词性）
- It is very necessary to solve the problem in a timely and efficient way. ...It is <u>necessity</u> of that involve the joint efforts from all side. （误用介词搭配）

第一个产出缺口，即解决名词化本身使用有误的问题已在第五章报告过，本章将就如何解决其他三个产出缺口开展促成教学。

6.3　促成

句间促成教学发生在句内促成教学之后。针对学生在使用名词化衔接语篇中的产出缺口，笔者先后开展了名词化衔接语篇原则讲解、名词化语篇衔接手段识别和名词化衔接手段产出三方面的教学。

6.3.1　名词化衔接语篇原则讲解

原则一：同源重复，指把上文出现的动词和形容词在下文中名词化，增加词汇的多样性。例如：

> She knew she would finish, and this knowledge allowed her to confidently—even happily—pick up her pace the last hundred yards to the finish line.

在上例中，动词 knew 作为谓语出现在第一个小句中，是表述者表达的新信息，在第二个小句中该词实现了名词化，位置转移到句子的首位，用作主语，成为重复提到的旧信息。在变化的过程中，语义发生了同源重复，分别由动词和名词来表征，增加了词汇的多样性。

原则二：由简入繁，指词汇的使用难度一般从简单到复杂，动词和形容词在前，名词化在后。该原则是一般性原则，不是绝对原则，不排除名词化在前，动词和形容词在后的情况。例如：

> Man-made global warming might be one of the greatest challenges facing human beings in the 21st century. As the second largest economy, China is a responsible participant in dealing with climate change together with other parties. But some contend it is far from enough and argue China is expected to assume greater responsibility and play a more active role to stop climate change.

在该例中，笔者强调在使用名词化衔接语篇时，表示过程的动词和表示性状的形容词相对简单，而表示虚拟物的抽象名词相对复杂。因此，参照人类认知方式"由具体到抽象"的发展模式，可以把动词和形容词的位置放在上文，名词化放在下文，即"由简入繁"。

原则三：适量使用，指名词化作为语篇衔接手段不是越多越好，语篇衔接手段应具有多样性。例如：

Social networking are gaining more and more <u>popularity</u> today. Lots of people use social media platforms on the subway, on the bus or other public places. Although social networking bring convenience to our life, the <u>popularity</u> also affect our reading habit, most of time, the impact is negative. With the growing <u>popularity</u> of social networking, you can find the word junk information also come to people's sight[1].

在该例中，学生在同一段落内使用了三次名词化语篇衔接手段，语义显得重复、累赘，不仅没有起到通过衔接达成语义连贯的目的，反而破坏了连贯性。可见，名词化作为语篇衔接手段不是越多越好，写作者需要综合运用各种语篇衔接手段，以体现语言的多样性。

6.3.2　名词化语篇衔接手段识别

在讲解名词化衔接语篇原则后，笔者从写作任务 "Solution to the Issue of Empty Nesters" 中选取写作样本，要求学生使用名词化衔接三原则分析其中的语篇衔接手段。由于上述写作任务要求学生采用名词化来衔接语篇，学生已经历了产出过程，因此上述识别练习旨在引发学生的代入感，促使学生加深对三原则的理解与认知。以下为识别练习的文本：

With the development of economy and the change of population structure, the problem of empty nesters is getting increasingly serious. The empty nesters have many problems for being <u>alone</u>. Their physical health and safety cannot be guaranteed. Besides, <u>loneliness</u> harms their mental health. So we must <u>solve</u> these problems immediately and effectively.

First, in order to guarantee their physical health, the government must give priority to the investment in the local or community nursing home, since empty nesters require daily care. What's more, the establishment of

---

1　该语料选自学生在写作任务 A 中的产出文本，学生过量使用了名词化来衔接语篇。

community college and recreation center for senior citizens also plays an important role in the solution to the problem of empty nesters. Then, it is of great necessity for the government to punish those who neglect their filial duties seriously, because the offspring are the key to the solution of the issue. They should attend to the physical needs of the elderly. And the frequent contact and visit also benefits the old people. Besides, the enterprises can do something, too. Not only the development of technologies for elderly care facilities but also the creation of labor market for the aging society makes a difference to the empty nesters.

An effective solution to the empty nesters needs joint and long-term effort. Although there is still a long way to go, we should work hard and persist in the solution of empty nesters.

在上述文本中,"alone—loneliness""solve—solution"符合了"同源重复""由简入繁"的原则;但"necessity—need"的衔接方式不符合"由简入繁"的一般原则,仅属于同源重复的语言现象;语篇中出现的四个 solution 不符合"适量使用"的原则。

6.3.3 名词化衔接手段产出

针对学生在名词化衔接语篇产出练习中所出现的主要问题,笔者设计了句子和语篇单位的产出练习。示例如下:

1) 没有采用名词化衔接语篇,重复使用一致式动词或形容词。

- Nowadays, more and more young people live and work in big cities, leaving their old parents in the hometown without being properly cared for both physically and spiritually. … Despite much inconvenience in attending to their parents' physical needs, they should care for the spiritual needs of their parents by more visit and contact.

答案：Nowadays, more and more young people live and work in big cities, leaving their old parents in the hometown without being properly cared for both physically and spiritually. ... For the offspring's part, despite much inconvenience in attending to their parents' physical needs, their care for the spiritual needs of their parents can be realized by more visit and contact.

- Except for the efforts made by government agencies and the children of empty nesters, the enterprises and some voluntary organizations can also assist. ... Enterprises with acute sense of social responsibility can also assist in this issue.

答案：Except for the efforts made by government agencies and the children of empty nesters, the enterprises and some voluntary organizations can also assist. ... the assistance provided by the enterprises and voluntary organizations is also of great importance.

2) 过度使用名词化衔接语篇

- Organizing art performances or other recreational activities is also a good choice for neighborhood committees. ... It is a practical choice to build elevator of disabled person to cope with the problem of going upstairs and downstairs.

答案：Organizing art performances or other recreational activities is also a good choice for neighborhood committees. ... It is very practical to build elevator of disabled person to cope with the problem of going upstairs and downstairs.

- Absolutely, empty nesters' children are the key to the solution to them. Although they cannot attend to the physical needs of the elderly, the frequent contact and visit also benefits the elderly. What's more, the establishment of community college and recreation center for senior citizens also works in the solution to empty nesters. ... In conclusion, an effective solution to the problem of empty nester requires joint effort. Although there is still a long way to go, we should work hard and persist in the solution of empty nesters.

- 答案: Absolutely, empty nesters' children play a pivotal role in taking care of them. Although they cannot attend to the physical needs of the elderly, the frequent contact and visit also benefits the elderly. What's more, the establishment of community college and recreation center for senior citizens also works in solving the problem for the empty nesters. … In conclusion, an effective solution to the problem of empty nesters requires joint effort. Although there is still a long way to go, we should work hard and persist in securing the welfare for the empty nesters.

在学生完成句子和语段单位的产出练习后，笔者布置新的写作产出任务 B，即"The Solution to the Problem of Left-behind Children"，要求学生尽量使用多样化的语篇衔接手段，尤其是名词化。在布置任务时，师生进行了写作要点和结构的讨论，这样保证写作语义表达较为集中。

6.4 评价

评价教学环节的评价对象是新的写作任务"The Solution to the Problem of Left-behind Children"，评价重点是该写作任务中学生使用名词化衔接语篇的情况。笔者综合评价了优秀典型样本和问题典型样本，以评价优秀样本为主；先评价优秀样本，后评价问题样本。在课时分配上，评价优秀样本占据了2/3的课时。主要原因在于名词化本身是二语学习者的产出难点，在语篇衔接手段的使用上，学生倾向于调用其他类型的语言资源，例如连接、照应、省略、替代等，规避名词化衔接手段的使用，所以问题样本的数量和类型有限。更为重要的是，由于句间教学时长有限，在有限的教学时长内，学生语言加工的压力较大，因此仅评价问题样本难以引发学生"注意"到名词化衔接语篇的功能。在此情形下，评价优秀样本能够呈现目标名词化在产出任务中实现语篇衔接的正确范例，发挥更大的示范作用，从正面强化学生的产出意识。

6.4.1　名词化衔接语篇的优秀样本

通过仔细评阅，笔者选择了两个优秀典型样本，要求学生识别样本中的名词化衔接手段，并运用三原则进行分析和点评。

优秀典型样本一：

As the economy develops, people in many poor areas choose to work in cities, more rural children are left behind by their parents in the hometown, generating many problems, like the safety, education and mental health. Everyone in society needs to help the left-behind children and gives them a lot of attention and love.

Firstly, the governments should play a role. Offering temporary residency status to migrant workers is an access to public education, health care and so on. It allows left-behind children not to leave their parents and have a better living environment.

Secondly, rural government should make efforts. Rural government can assist migrant workers and their children from several aspects, such as establishing boarding school, punishing crimes against left behind children, and creating more job opportunities for poor people. With the assistance of government, left-behind children will live more happily and more securely in the local area.

Last, migrant work parents should fulfill their duties as parents. They must invest more time and money in children. The right choice between the immediate economic needs and children welfare can solve children's psychological problems well.

All in all, it is of necessity for us to give effective solutions to the problem of left-behind children and let (allow) them (to) grow healthily.

在优秀典型样本一中，有五项正确使用名词化衔接语篇的语料，依序分别为：choose—choice, work—workers, assist—assistance, need (v.)—needs (n.)/

necessity，solve—solutions。其中 assistance 是句间名词化衔接，其他四项是跨越语篇片段衔接。在评价时，学生均能找出文本中的上述语料，辨析类型，运用三原则进行判断，逐项分析它们在句子中的位置变化和语法形态变化，感受名词化衔接手段通过上下文的述位—主位推进，进行新旧信息之间的交替，形成语篇信息流，把语篇衔接起来。

此外，学生也发现了两项名词化在前的同源重复词，依序分别为：economy—economic, health—healthily，虽然不符合"由简入繁"的一般性原则，但这些句子语义表述流畅，增加了写作文本中的词汇多样性。笔者请教学经验丰富的英语外教一同判断表述是否地道，外教表示语感上完全可以接受。

优秀典型样本二：

As the economy develops, more rural children are left behind by their parents in their hometown, generating many problems, like safety, education and mental health problems. And we should solve these problems immediately. An effective solution to the issue of left-behind children requires everyone's effort.

First, the governments should offer temporary status to migrant workers and the access to public education and health care, allowing parents to bring their children in cities. Then the rural governments are able to assist the central government in the issue. The establishment of boarding school could guarantee the safety and learning of the left-behind children. It is also necessary for the rural government to create more job opportunities for local people to decrease number of migrant workers. Besides, the migrant worker parents had better choose between the immediate economic needs and children's welfare, since more direct and frequent contact benefits children's growth. Lastly, NGO, charity organizations, company can also give a hand to the left-behind children by donating money and organizing volunteers to offer help.

The solutions to the issue of left-behind children still have a long way to go, but I believe that the <u>assistance</u> of all sectors of society and government will contribute to the better growth of left-behind children.

从优秀典型样本二中，学生识别了四项正确使用名词化衔接语篇的语料，依序分别为：solve—solution，assist —assistance，necessary—needs。其中solution 和 needs 是句间名词化衔接，其他两项是跨越语篇片段的衔接。它们在上下文中有效发挥了语篇衔接的作用。名词化在前的同源重复词有两项，依序分别为：economy— economic，organizations—organizing。

对两个优秀典型样本的评价，一方面增加了学生接触名词化用作语篇衔接手段范例的机会和频率，另一方面激励他们向同伴学习，更多地"注意"到这种衔接手段。

6.4.2　名词化衔接语篇的问题样本

完成对优秀典型样本的评价后，笔者还组织学生进行了问题典型样本的评价。主要问题类型和样本示例如下：

第一，使用了名词化衔接语篇，但名词化本身使用有误。例如：

- The migrant workers should <u>choose</u> between the immediate economic needs and their children's welfare. The right <u>choose</u> is obvious.

  答案：The migrant workers should <u>choose</u> between the immediate economic needs and their children's welfare. The right <u>choice</u> is obvious.

- However, neither governments nor NGOs could solve this issue directly, both of them cannot substitute the role of parents for the kids. The effective <u>solution of</u> the problem is to make the choice between immediate economic needs and children welfare.

  答案：However, neither governments nor NGOs could solve this issue directly, both of them cannot substitute the role of parents for the kids.

The effective solution to the problem is to make the choice between immediate economic needs and children welfare.

第二，没有采用名词化衔接语篇。例如：

- First of all, the government can help the children of migrant workers have an access to public education. Secondly, the assistance from some voluntary organizations is important and they can provide psychological counselling to the left-behind children.

  答案：First of all, the government can assist the children of migrant workers have an access to public education. Secondly, the assistance from some voluntary organizations is important and they can provide psychological counselling to the left-behind children.

- The close contact between children and their parents is very important for their psychological well-being. Despite much difficulty, the parents should telephone and chat with their kids more, bringing much spiritual comfort to them.

  答案：Despite much difficulty, the parents should contact frequently with their kid, bringing much spiritual comfort to them. The close contact between children and their parents is very important for their psychological well-being.

通过对问题样本的评价，学生进一步"注意"到自身在使用名词化衔接语篇意识和能力上的不足，纠正了名词化的错误用法。这一环节与评价优秀样本的学习活动相互呼应，巩固了学生的学习效果。

第七章　名词化教学效果与讨论

本章从学生产品质量、参与度与获得感三方面报告了名词化教学的效果。并从三方面讨论了研究取得良好教学效果的原因，具体包括采用多理论视角，充分吸收各个语言学派的名词化研究成果，准确选取了名词化教学要素；基于产出导向法，设计了精准性、渐进性和多样性的有效产出活动；选择了与名词化教学研究目标符合、匹配的研究方法和教学方法。

7.1　名词化教学的效果

教学效果可以从教学目标是否达成来判断。文秋芳（2017c：22）从学生视角提出了产出目标是否达成的三个衡量指标，即产品质量、参与度和获得感："'产品质量'指对学生产出表现的客观评价；'参与度'指学生上课注意程度和配合程度。换句话说，我们可以观察有多少学生在课堂能够跟着教师的指令'动起来'，而不是'人在心不在'，注意力不集中。'获得感'指学生是否感到上课有收获，'不虚此行'。"具体而言，"'获得感'是一种主体性感受，是自我感知的学习收获。学生的获得感可以表现为不同层次，比如认知收获、情感收获、语言收获等等"（邱琳 2019a：24）。上述三个教学效果指标包括多类型、多渠道的学习成果数据，既有量化数据也有质性数据，分别来自学生、研究者本人和研究的观察者，即课堂观察教师。

笔者通过三个指标之间的三角验证来考察名词化教学是否取得了良好的效果，以增强研究的效度和信度。

7.1.1　产品质量

名词化教学的效果直接体现在写作产出中。本研究从三方面分析名词化产出的质量：第一，考察学生在学术写作任务中的名词化产出数量与质量；第二，考察学生的名词化语法隐喻能力是否得以迁移，具体统计除了目标名词化词汇，学生是否产出了非教学目标的名词化词汇；第三，教学前后，学生名词化理解与产出的前后测成绩是否显示有所提升。

（1）名词化产出的数量与质量

在句内名词化教学研究中，笔者布置了6个写作任务，如图7.1所示。T1A是学生在第一阶段研究起点时完成的产出任务，T3B是学生在本阶段结束时完成的写作任务。

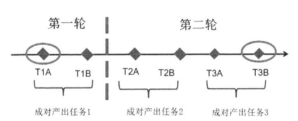

句内名词化教学研究产出任务

图7.1 句内名词化教学研究产出数据对比的节点

为了比较学生在研究起始阶段和结束阶段的名词化产出情况，笔者采用了配对样本 t 检验对比了样本齐全的63名学生在T1A和T3B写作任务中产出名词化的总数量和正确使用名词化的总数量。由表7.1可知，经过第一阶段的教学实践，学生在T3B中产出名词化的平均总数量高出T1A1.740，有显著差异（ $p = .0000 < 0.05$ ）；正确使用名词化的平均总数量高出T1A1.571，也有显著差异（ $p = .0000 < 0.05$ ）。这表明经过第一阶段的两轮教学，学生在句子内部的名词化产出数量和质量都有显著提高。

表7.1 学生在句内产出名词化的数量对比

比较项	写作任务	均值	标准差	标准误差	P 值
名词化总数量	T1A	3.278	1.4836	.1869	.000
	T3B	5.018	1.9112	.2408	

（待续）

（续表）

比较项	写作任务	均值	标准差	标准误差	P 值
正确使用名词化的总数量	T1A	2.922	1.4168	.1785	.000
	T3B	4.493	1.8644	.2349	

　　研究还统计了学生在最后两次产出任务 T3A、T3B 中人均产出名词化的数据。结果显示在 T3A 中，学生的人均名词化产出数据为 4.54/ 百字，其中正确使用的名词化为 4.17/ 百字；在 T3B 中，学生的人均名词化产出数据为 5.02/ 百字，其中正确使用的名词化为 4.49/ 百字。Biber et al.（1998）的研究数据表明，学术语篇和其他正式书面语篇中的名词化约为每百字 4.4—4.5 个。排除写作难度、语料标注误差、个别学生过度使用名词化等影响因素，本研究中学生人均每百字产出正确名词化的总量已经接近或达到 Biber et al. 基于语料库所统计的数据。这表明 POA 指导下的名词化教学对学生在学术语篇中产出名词化的数量和质量均有良好的促进作用。

　　在句间名词化教学研究中，笔者布置了四个产出任务，如图 7.2 所示。T1B 是学生学习了名词化连接语篇功能之后完成的第一个产出任务，T2A 是学生在句间名词化教学研究结束时完成的写作任务。

句间名词化教学研究产出任务

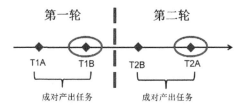

图 7.2　句间名词化教学研究选取产出数据的节点

　　为了比较学生在起始阶段和结束阶段使用名词化衔接语篇的情况，笔者采用配对样本 t 检验分别对比了 31 名学生在 T1B 和 T2A 写作任务中正确使用名词化衔接语篇的数量。统计数据表明（见表 7.2），后者的均值高于前者 1.355，两者有显著差异（p = .001 < 0.05），这说明句间名词化教学研究取得了良好的效果。

表 7.2　学生在句间正确使用名词化衔接语篇的数量对比

写作任务	均值	标准差	标准误差	P 值
T1B	1.806	1.6004	.2874	.001
T2A	3.161	1.3440	.2414	

（2）名词化语法隐喻能力的迁移

为了观察学生的名词化语法隐喻能力是否发生了迁移，在研究的第一阶段，笔者利用语料库工具 AntConc3.5.0 提取了学生在 T2A、T2B、T3A、T3B 中产出的非目标名词化的总数量以及正确使用的非目标名词化的数量。经过计算，学生在每百词中产出非目标名词化的数据如表 7.3 所示。

表 7.3 学生在句内产出非目标名词化的情况

写作任务	正确非目标名词化数量 / 百词	非目标名词化数量 / 百词
T2A	2.4	2.7
T2B	2.4	2.6
T3A	2.9	3.1
T3B	2.9	3.3

表 7.3 的数据显示，随着产出任务的推进，非目标名词化的使用整体呈上升趋势，其中大部分非目标名词化的使用均正确。虽然在第一阶段的教学中，笔者仅教授了共计 24 个名词化词汇，但经过一段时间的学习，学生开始重视其他名词化范例的学习和积累，并在写作任务中进行了产出。这表明通过目标名词化的学习，学生的名词化语法隐喻能力开始发生迁移，呈现出了良好的发展态势。学生在句内和句间的产出文本样本详见附录 12。

（3）学生名词化理解与产出的前后测成绩

在句内名词化教学研究阶段，学生参加了名词化理解与产出的前后测。为了保证测试的效度和信度，笔者对前后测试题的类型、难度、一致性和评分标准进行了严格控制。测试内容与说明详见 4.3.4 节，测试题详见附录 6。学生前后测成绩对比详见表 7.4。

表 7.4　学生名词化理解与产出的前后测成绩

测试内容	写作任务	均值	标准差	标准误差	P 值
名词化理解	前测	2.611	1.7097	.2154	.000
	后测	5.659	1.6652	.2098	
名词化产出	前测	4.706	2.6421	.3329	.000
	后测	7.992	2.7334	.3444	
名词化理解与产出	前测	7.317	3.4656	.4366	.000
	后测	13.651	3.7023	.4664	

配对样本 t 检验的数据结果显示，教学前后学生名词化理解和产出总成绩均有显著差异，这说明经过教学后，学生的名词化理解与产出能力得以增强。

7.1.2　参与度

学生对教学活动的参与度主要体现在他们的听课专注度、参与课堂活动的积极性和回答问题的质量。除了笔者自身的课堂观察，研究还采用了他者视角，邀请同行教师进行课堂教学观察，记录并反馈学生的课堂参与情况。观察记录的载体为课堂教学观察表，观察反馈的载体为课后访谈。

在教学观察表中（见附录 7），前述三项指标均纳入了课堂观察点。课堂观察表的设计原则和观察教师信息详见 4.3.5 节。在教学观察表中，1 代表对观察点较高程度的评价，5 代表对观察点较低程度的评价，中间数字所代表的评价从高到低排列。此外，各个观察点后设置了简要评价与证据分析，形成了对观察评分的有力补充。在教师访谈中，观察教师对学生的教学活动参与度进行了主观评价，与课堂观察表的数据相互验证。

观察表的评价数据显示，在句子内部的名词化教学中，除了在第一组目标词汇的教学中有观察教师在部分观察点上给出了 2 的评价，在其他两组目标词汇的教学中，四位观察教师均给出了 1 的评价；在句间名词化教学中，T1 在所有学生学习的观察点上，给出的评价均为1或2。观察评价与证据记录以及访谈数据如下：

（1）听课专注度

多位观察教师的课堂观察记录和访谈数据显示，随着教学活动的推进，学生听课的专注度不断提升，更能积极配合教师的教学，参与课堂互动。例如：

> 学生听课专注度比以前几次要有提升，说明练习设计更科学了。（20171120，T1观察记录）
>
> 就是你是启发呀，引导啊，鼓励啊，然后学生也是很配合。我觉得这些互动很好。（20171214，T4访谈）

（2）参与课堂活动的积极性

学生参与课堂活动的积极性体现在三方面：课前按学习要求积极预习；课上主动参与学习讨论；在参与的广泛性上，几乎全体同学都投入到了课堂学习活动中，有提问有反馈。例如：

> 这班学生我觉得还基本比较配合，上课时跟你互动得很好。他们明显预习过，对词的掌握较好。（20181108，T1访谈）
>
> 学生在课堂上就词性用法能与老师进行讨论，表现出较强的主动性与参与积极性。（20171214，T2观察记录）
>
> 我觉得同一个班相比已经比前面要好多了，你叫不管坐在什么位置的同学（回答问题），他都是有反馈的。包括以前我注意到的有一些坐在后面的同学（之前不怎么听课的），也都在写在做。（20171120，T1访谈）

（3）回答问题质量

学生回答问题的质量也在不断提高，在练习用时缩短的情况下，仍然能够正确和迅速地完成练习，学习成效十分显著。课堂观察的评分与记录和访谈的质性数据相互验证，充分表明学生"心在课堂"，教学参与度高。例如：

我看他们那个（做题）的速度也快了，做得还行，都会了。……（学生）基本可以按照预设回答问题，质量较高，而且练习的互动／问答较多。学生感觉比前两次更上路，确实可以看出效果，回答问题的质量提升主要反映在抽象名词的使用中，说明反复训练有效果。（20171120，T1 访谈）

名词化练习部分与第一次课相比感觉学生更自如了，能自如地与老师讨论名词化的使用，练习用时少了，语言水平及应用能力也有了提高。……名词修饰语前置后置的练习难度很大，你给的时间其实挺短的。因为时间紧，内容难度大，学生能完成，总的来说真的是提升了很多。（20171214，T4 访谈）

7.1.3　获得感

在本节，笔者将从三个层次总结学生的获得感，即语言收获、情感收获和认知收获。学生的获得感数据来自他们的访谈和反思日志。在两个阶段的研究中，笔者对学生开展了 5 次访谈，访谈人数 23 名，转写和整理的文字共计33,172 字。学生撰写日志 272 篇。访谈对象和内容详见 4.3.1 节，学习日志的撰写内容和要求详见 4.3.2 节。

（1）语言收获

研究数据显示，学生的语言收获包括名词化学习收获和英语语言学习收获两方面。

1）名词化学习的收获

学生认为名词化是非常新颖的教学内容。在学习之前，学生虽然观察到了这种语言现象，但他们不了解名词化在组织句子中的作用，更不知道如何写出包含名词化的句子。笔者的教学培养了学生使用名词化的意识，并加强了他们对名词化学习的重视。例如：

这几周的英语课与我以往上的有很大的区别，尤其是对写作的讲解。以往老师总是向我们分享一些好的句子，通过语感我们虽然可以一眼看出句子写得很好，但实际用的时候却很难用到。我认为老师对于抽象名词和施事名词的讲解很好，让我知道了好句子的优秀之处。（20171102，S14* 访谈）

> 对于抽象名词，起初我认为它不是很重要，觉得这样写太娇情了。但当听了这几次课后，我发现是因为我没有走入其中，所以才没有看到它的美。其用简练优美且异于常规的方式让句子焕发了新的活力。（20171102，S27* 日志）

> 通过一个月高级英语的学习，我仿佛进入了另一个世界，和之前的英语学习甚至大一的英语学习都不尽相同。说老实话，名词的优势我大约在初中的时候就知道了，但只是偶尔把它运用到自己的写作中。（20171030，S38[1] 日志）

通过学习，学生充分认识到了掌握名词化的重要性，对名词化的作用有了比较全面和清晰的认识。他们认识到，掌握名词化有助于他们提高写作水平和阅读水平，使他们能够表达凝练的语义，丰富句子的衔接手段。例如：

> 之前我的英语写作对于抽象名词的应用很少，而且在阅读中经常能遇到书面语的名词化，我认为是很有必要把这方面学好的，不但能提高我们的写作水平，还能在阅读方面有所帮助。（20171030，S19 访谈）

> 学习抽象名词当然重要，很多动词都可以用抽象名词表示，加长了句子的长度，想表达的几层意思都能通过一句话说明白。（20171030，S46 访谈）

> 以前想连接都是连词、介词、从句之类的。上了课才知道名词化可以连接语篇。（20181217，NS1 日志）

1　为了区别数据收集对象，研究对不同阶段的教学对象采用了不同编码方式。在句内研究阶段中，教学对象为两个平行班的学生，分别以"S+ 学号代码"和"S+ 学号代码 +*"表示，以示区别。在句间研究阶段，教学对象以"NS+ 学号代码"表示。

讲解包括名词化在内的各种衔接手段非常有帮助，让我的作文连接形式更加丰富，更加地道。（20181213，NS24 日志）

针对名词化产出的各种语言要素教学和产出活动设计，也使学生产生了很强的收获感。名词化学习的难点主要为介词理据、表示逻辑关系的动词和语序变化，他们表示在这三方面都非常有收获。

首先，学生对介词理据的讲授非常肯定。例如：

对介词核心意义和引申意义的强化讲解，让我以后不用只凭语感判断介词。（20171211，S45 日志）

这种教学方法（讲授介词的理据）可以显著地使我们理解介词的核心义和引申义，这极大帮助了我们对介词的正确使用，并且减少了介词错误使用的概率。（20171127，S38 日志）

介词在英语中是比较难记忆的一类，在以前一般是记忆短语的固定搭配来记住介词的使用。第二单元教学中，老师教我们一些介词本身带有的意思，这是自己在自学英语时学不到的东西。（20171127，S17 访谈）

数据显示，教授学生认识到介词具有核心意义和引申意义，以及这两个意义之间的关联性，对他们掌握名词化之后的介词搭配非常重要。这一认知改变了他们过去完全依靠"死记硬背"和"固定搭配"学习和记忆介词，或仅凭"语感"使用介词的方式，对他们掌握介词、减少错误具有积极作用。

逻辑关系动词的讲解也进一步加强了学生对这类词汇重要性的认识，使他们认识到逻辑关系动词对于产出名词化是必不可少的。例如：

我认为逻辑动词与名词化是不可分割的，名词、介词的大量积累之后倘若不积累搭配的动词也是徒劳无果。（20171127，S38 日志）

学生表示通过学习，他们确实学会了使用逻辑关系动词，增强了对这类词汇的使用能力，同时丰富了他们的词汇表达。例如：

> 逻辑化动词的讲解很重要，以前只会用 make，现在可以通过语义逻辑写出适当的动词。（20171127，S37 访谈）
>
> 逻辑关系词的讲解有助于我掌握抽象名词之后（的）谓语，加强了我对它们的使用能力。（20171130，S44* 日志）

对于笔者整理的表示逻辑关系的动词列表，学生们认为很有帮助。例如：

> 老师整理的常用逻辑关系动词表解决了我的一个长期存在的问题，记忆这些词确实能让我的作文添色很多。（20171214，S36* 日志）
>
> 逻辑关系动词表给出了相应句子逻辑关系的谓语，使得名词之后有了连接，相当有用，词汇少的我再也不发愁了。（20171214，S45* 访谈）

名词化过程中的语序变化是一项非常复杂的认知加工活动，需要多项教学活动促成。学生用自己的语言描绘了经过各项教学活动后的收获感，与笔者的教学设计一一对应。例如：

> 改句子和排序练习能加深对名词化后正确语序的认识，同时改正后的句子能丰富阅读积累，里面有好的单词以后也可以用。（20171127，S30 日志）
>
> 列举同学所写作文中的句子为例讲解语序，比较容易吸收和消化所学内容，使我对写作时的语序问题有所改观，更注重名词化词汇的使用。（20171130，S37* 日志）
>
> 长句子的组合训练不仅能帮助我们练习名词化之后句子的语序，还有利于我们写长句。我在写作文的过程中就有这样的感觉，写完之后再去读这两句话，感觉句子太短然后就尝试着合并成一个长句。（20171127，S7 访谈）

通过课堂练习，小组讨论一起改句子，反复练习、发现错误、纠正错误，对语序越来越有感觉。（20171130，S34 日志）

可见，关于语序的多项教学活动形成合力，有效地帮助学生逐步掌握名词化之后的语序调整。此外，产出导向法指导下的教学流程和基于学生产出语料的教学设计，也有利于学生名词化的学习。例如：

教学设计很好，循序渐进，由浅入深。（20171030，S26 日志）
老师的教学设计很合理，符合一个学习的合理进程，循序渐进，不断加深强调重点，使英语学习得到很好的管理和提高。（20171130，S11 日志）
老师用学生自己写的作文中的句子做讲解，很有带入感。（20171127，S13 日志）
我认为老师教得很好。尤其是在教学中会充斥着许多应用实例，让我可以直观地感受到运用抽象名词带来的好处，也在这些例子中明白了该如何正确运用。（20171030，S36 访谈）

从大多数学生的反馈来看，他们非常肯定笔者所采用的教学方法和教学设计，多名学生提到了"循序渐进""实例"这样的关键词，认为引用学生产出文本中的实例，以及采用渐进性的教学设计对他们学习和产出名词化非常有益。在两个研究阶段的中后期间，多名学生都在学习日志中提到了名词化学习对英语写作的促进作用。例如：

我这学期收获最大的部分是在英语写作部分，原来自己的作文水平不高，但是也不知道如何提高，认为自己能把句子意思表达清楚就够了，可是现在看来是远远不够的。名词化让我知道了在写作中一句话我可以有几种方式来表达，但深刻程度则完全不同。从这一小部分看出我的差距还是很大，尽管我不能像 native speaker 一样去表达同一句话，可我也要尽量去接近。（20171211，S19 日志）

这学期最大的收获主要提升在写作，从原来遇作文想动词，然后直接写，到现在想到动词后，会主动去看能不能用名词化使句子成分更丰富，句式不那么单一。现在写作也会特意去注意主语，防止满篇同一主语的出现。(20171214，S23* 日志)

在课堂上，我第一次系统地学习了中英文的不同，当然更重要的是学习了连接语篇的方法和名词化，我认为这对我的英语写作有很大提升。虽然有很多地方的运用还十分不熟练，但我会在以后的写作中有意识地运用名词化和连接手段，这对我来说是个很大的提升。这学期的课十分有意义。(20181213，NS15 日志)

2) 语言学习的收获

除了名词化本身，很多学生还提到了语言学习的获得感。他们认为名词化的学习为他们开启了语言学习的新视角，帮助他们系统梳理了现有的英语语言知识，加深了他们对英语语言的理解和认知，非常有益于进一步提升英语水平。例如：

这学期我的英语学习前进了不少，经过老师的讲授，我原先碎片化的、不成系统的英语知识被整合起来，加强了我对英语这门语言的感受、理解和把握。(20171214，S11* 日志)

老师教的方法让我对原本一团混乱、不知如何下手的英语学科有了清楚的认识。……我非常感谢老师，教会我如何辩证地思考。(20171211，S9 日志)

我认为这学期的英语课很有针对性……很多的课都是从语言的根本性学到的。这种令人耳目一新的课程我认为有很好的效果，从本质上的理解能够让对语言的学习进展更加快速。我认为老师的课很好，我自己十分受用。(20171214，S42* 日志)

名词化出现在个体语言发展的高级阶段，需要学习者综合掌握英语语法和英汉对比的相关知识。在名词化教学过程中，笔者对比了英汉名词化现象，分析了造成两者差异的英汉文化、思维特征，系统讲解了与名词化相关的各种英语语言现象，包括词性转化、名词修饰语成分、介词用法、表示逻辑关系的动词、名词短语结构、英语主从复合句分析、长难句理解、语篇特征与衔接手段，等等，客观上可以说对英语语言知识进行了系统梳理。在讲授过程中，笔者充分结合了学生的写作、翻译、阅读、产出，讲练结合，因而对学生的语言学习有很好的促进作用。

（2）情感收获

情感因素对第二语言习得和教学都有非常重要的影响（Krashen 1982）。在教学过程中，通过课堂观察、访谈和学习日志，笔者"见证"了学生在语言学习中明显的情感变化，这在两类学生群体中表现地尤为突出：1）一度对语言学习感到迷失的学生恢复了学习热情；2）不喜欢学习英语的学生在学习态度方面发生明显转化。

对于非英语专业学生，经过多年的英语学习，到了高级英语学习阶段，该采用什么样的学习方法、如何继续语言学习是非常重要的命题。讲授传统语法、讲解词汇、分析段落结构特征、总结文章大意，这些从基础教育阶段开始就被"一以贯之"的授课内容完全不能满足大学生进一步学习语言的需求。在学术英语预备课程中教授名词化，帮助学生掌握学术英语的核心语言特征，这对学生而言是崭新的语言学习内容，给他们认知带来的挑战极大地激发了他们的学习热情。对于失去方向的语言学习者而言，名词化教学给他们带来了全新的学习感受，重新激发了他们语言学习的积极性。例如：

这九周的英语课让我重新感受到了英语在大学课堂的重要性，使我对英语的兴趣回到了高中水平。感谢老师！（20171102，S18* 日志）

非常幸运选上了您的课，对于您的肯定我已经向身边的很多同学推荐了您。本学期真的让我有所收获，相比大——一年荒废的英语，您让我重拾了对英语学习的热情。……总之非常感谢您，我将把这份对英语学习的热情在今后保存下去。（20171214，S32* 日志）

通过一个多月高级英语的学习，我仿佛进入了另一个世界，和之前的英语学习甚至大一的英语学习都不尽相同。我觉得通过老师上课讲授的方法就可以看出一定是花了非常大的功夫备课，效果自然也就是显而易见的。（20171030，S38 日志）

情感收获也在一部分对英语学习不感兴趣的同学身上显现。经过学习，他们的学习态度发生明显转变。例如：

您是我听过的最有带入感的老师，因为我本身对英语这个学科并不喜欢，但是我还是很愿意来听课。（20171211，S3 日志）

我其实从高中起就蛮讨厌英语的，成绩不理想，算是自己的拉分项，上过新东方好多年，但长进有限，包括大一的英语课也从未听过。但这学期的英语课很大程度对我有所吸引，是我四年来听得最多，最愿意听的英语课，让我有收获，并更多地敢于去表达，有价值。您是位很棒的老师，您的用心会得到学生们的反馈。（20181213，NS16 日志）

这种转变是一种非常积极的情感收获，在当下和未来的语言学习中会帮助学生积极应对学习任务，取得进步，形成学习情感和学习成效之间的良性互动。值得欣喜的是，很多学生从语言学习中获得了快乐，表达了未来努力学习英语的计划和愿景，其中不乏学生开始选择英语作为第二专业。例如：

这学期教学内容很丰富，老师尽心尽责让我们收获很多。虽然不能每部分都充分掌握，但英语比较菜的我也努力跟上了步伐。悄悄告诉您，我选了英语作第二专业。基于它的实用性以及我不信学不好它的劲儿，决定再往前走一步。（20171211，S41 日志）

本学期很开心能够来听您的课。我已经是第二次来听课，感觉每次听课都会有不同的体会，感觉学到了许多。其中我觉得思想的引导是最重要的，还有语言方面名词化、介词使用，等等。作文方面也有了很大的提升，我知道了自己要如何去写一篇有深思的作文，整个过程都感觉很充实、很快乐。希望以后还有机会听老师的课。（20171214，S46* 日志）

（3）认知收获

在教学理念上，产出导向法提出了"全人教育说"：

> POA 认为语言教育面对的是人。人是有情感、有思想的高级动物。我们不能将教育对象视为流水线上的产品或听任摆弄的机器人。教育要为人的全面发展服务，就需要顾及人的智力、情感与道德等各个方面。具体而言，外语课程不仅要实现提高学生英语综合运用能力的工具性目标，而且要达成高等教育的人文性目标，例如提高学生的思辨能力、自主学习能力和综合文化素养等。（文秋芳 2015：550）

根据这一理念，成功的教学能"授人以渔"，帮助学生取得获得正确的认知。这种认知收获体现在多方面，包括学生养成自我负责的学习态度、能掌握正确的学习方法、培养良好的学习习惯与自我管理能力等。

多名学生在最后一次学习日志中提到，在学习的过程中体会到了教师对教学工作的热爱和认真负责的态度。这种态度是一种"正能量"，对他们产生了很大的影响，激发和培养了他们的责任感。例如：

> 首先非常感谢您一直以来的付出，您的认真我们看在眼里，真的可以说这个课是我听过最棒最爱听的选修课，没有之一。作为四六级考完的同学，本来我在英语上的功夫越来越少，但我幸运地选上了您的课，让我还能保持语感，并不断进步。更重要的是学到了您对待事情的认真态度，哪怕是一门选修课，也坚持秉承老师的职业道德，为我们负责，再次感谢您的付出，相信您将来的教育之路会越走越好的。（20171211，S8 日志）

> 首先非常感谢老师，英语实在让我头疼，但每周四您的课都让我

非常期待和欣喜。我觉得实在是因为您的个人魅力，幽默爽朗大气，还有一身正能量，让我对英语的态度，有了一点点、一点点的改变。同时我觉得您本身的性格也深深地影响着我，不只在英语方面（虽然这么说有一点奇怪，因为我们相处并不久，但确实是这样，很感谢您）。希望您再开选修课啊！英语我都报！学习方面，感觉您教的是很根本的东西。总之，很感谢您！（20181213，NS27 日志）

除了对工作的责任感，很多学生认识到学习投入与产出之间的关系，他们认识到想要取得好的学习成效，更重要的是课下的努力和付出。只有通过不断的实践与实战练习，才能把语言知识转化为能力和实效。例如：

感谢老师在此模块的讲解，我课下需要付出与之成正比的练习时间，不然容易手生，使上课学习到的知识忘记了。（20171127，S9 日志）

学习的效果如何就在于你有多少投入，根本还是源于对学习的负责程度。语言学习最重要的便是这个，投入与回报最成正比。（20171211，S12 日志）

熟能生巧，课下的练习是保证收获的基础，没有实战练习，再多的强调也只是空谈。（20181213，NS13 日志）

学生的认知收获还体现在形成良好的学习习惯与自我管理能力。在名词化教学过程中，笔者布置了大量的课外学术阅读、学术听力和学术词汇任务。通过对学习任务的过程化管理，学生形成了良好的预习和复习习惯，能够合理地规划语言学习，达成语言学习的愿景。例如：

每日听力打卡使自己养成了走路听 VOA 和 BBC 的习惯，并会在没有英语课时也坚持下去。（20171211，S18 日志）

这个学期学下来，觉得在英语学习方面有很多提升。首先是比较会合理规划自己的英语学习了，从课前预习到课后复习，养成了很好的学习习惯。其次，对于单词的推进，由老师按时提醒到成功监督自己背完了六级单词，使自己的词汇量有丰富提升。还有就是听力打卡，从最初的被迫厌烦着听，到后来主动积极甚至二、三遍地听，不再当成任务，而是兴趣。当然听力也逐步提升。(20171214，S34* 日志)

7.2　讨论

学生的产品质量、参与度和获得感均表明名词化教学取得了成效，根本原因在于教学研究建构了实效性和操作性强的名词化教学模型。该模型充分吸纳当前名词化理论的语言学研究结果，采用多理论视角提炼名词化教学要素。笔者对标 POA 教学流程和促成活动设计的三个原则来设计教学和产出活动，在适切的研究方法和教学方法的指导下进行了教学研究。下面将从三方面讨论名词化教学取得成效的成因。

7.2.1　名词化教学要素选取准确

建构名词化教学模型必须要准确选取教学要素。鉴于名词化既是认知方式，也是语言表达方式，从一致式转化为隐喻式涉及非常复杂的认知过程和语言单位的转换过程，这决定了本研究必须采用多理论视角，并从各个语言学派吸纳与名词化相关的研究成果，融会贯通，"为我所用"。

（1）充分吸纳名词化理论的研究成果

本研究主要以系统功能语言学的名词化语法隐喻理论为主要理论基础，但笔者在研究过程中不仅聚焦于该学派的名词化理论研究，还梳理了其他语言学派的名词化研究成果，深入了解名词化理论发展脉络，为本研究打下了较为坚实的理论基础。

首先，本研究充分吸纳了系统功能语言学的名词化研究成果，把名词化教学研究划分为句内和句间两大部分。当前，该学派对名词化的讨论大多聚焦在小句及以下的词汇语法级阶上，直到 Martin（1992）率先提出了语篇隐喻的概念，语法隐喻在语篇组织上的作用才受到学界的关注。虽然对于语篇隐喻概念的合法性还有争议，但包括 Halliday 在内的语言学家都承认语法隐喻尤其是名词化的篇章效应，也就是说名词化具有衔接语篇的作用，能够发挥逻辑推导和语篇优化的功能。基于这一语言现实，笔者在名词化教学研究中把句子内部的研究延伸至句间，即语篇单位，实施了"词—短语—句子—语篇"各个语言单位的完整名词化教学，实现了名词化的多项语言功能。在语篇单位教学要素的提炼上，本研究也直接借鉴了系统功能语言学派的提法"由于名词词组可以在语篇中自由地移动，即既可以充当主位，又可以用作述位，语法隐喻对于语篇的主位推进也有着重要的作用"（朱永生、严世清 2011：43），因此"主述位元语言知识"被纳入句间的名词化教学要素中。

其次，本研究综合吸取了各个语言学派关于名词化的研究成果，在研究对象的选取和名词化教学要素的提炼上博采百家之长。关于名词化分类，各语言学派存在理论争议，转换生成语法学派（Chomsky 1970；Simpson 1979）认为各类名词化现象的名词性程度高低不同，并归纳了多种名词化类别。认知语言学派认为，缺乏词形标记的名词化类别与具备词形标记的名词化类别语义结构完全不同（Langacker 1987，1991）。笔者综合了这两个语言学派的观点，把名词化教学研究的研究对象确定为名词性程度最强的类别，即从动词和形容词向名词转化的名词化类型。在名词化教学要素的提取上，转换生成语法学派（Simpson 1979）对名词化过程中介词作用的研究给了笔者很大启示。在产出活动设计上，除了系统功能语言学，分析句法（Jespersen 1924）、转换生成语言学派（Chomsky 1970；Simpson 1979）对语序和句子成分变化的描写也为笔者的教学设计提供了很多灵感。

总之，在名词化教学理论框架的建构中，笔者充分吸纳了系统功能语言学和其他各学派的名词化研究成果和最新研究进展，得以建构具有可操作性和教学实效的名词化教学理论框架。

（2）多理论视角

随着研究的深入，笔者发现各语言学派的名词化理论并不能成为建构名词化教学理论框架的唯一理论源泉，基于名词化语法隐喻的复杂性，需要采用多理论视角予以补充。语言学家 Sapir（1921）曾指出，语言的背后有深层次内容，而且语言不能离开文化而存在，这一论断早已深入人心。名词化之所以成为二语教学的难点，深层次上有中英文化思维差异的原因。笔者从民族语言学（又称文化语言学）的理论视角出发，解析了英汉文化思维差异中与名词化相关的内容，即汉文化的悟性和英文化的理性、汉文化的主体意识和英文化的客体意识，并以这两对差异为分析切入点，对比了英汉名词化在数量和构型上的差异。这些内容有效帮助学生理解了英语名词化学习中的难点，使他们"注意"到英语名词化的语言构成要素。

介词能够引导名词的后置修饰语，在增大词汇密度中起到不可或缺的作用，掌握这个词类成为产出名词化的关键（Alexander *et al.* 2008；孙海晨1998）。由于英语中的介词数量众多，用法复杂，因此汉语母语者在此方面存在诸多学习难点。很多学生表示介词难以记忆，用法容易混淆，希望笔者对介词进行分类讲解，以促进他们的理解、识记和产出。在教学中，笔者充分借鉴了认知语言学的介词理据性理论，在教授多义介词时从核心义项出发，通过义项之间的义—义联系，推导出其他义项，帮助学习者通过认知机制找出介词学习的内在规律，以掌握好这个词类。这对学生增加学术写作文本中的词汇密度起到了非常重要的作用。

在语篇单位的教学要素提取中，笔者学习和吸纳了语篇分析和英汉语篇衔接对比的研究成果，将英语语篇的两个特征，即结构性特征（主位结构和信息结构）和非结构特征（衔接）纳入语篇单位的教学要素。在学习过程中，笔者关注到了重复衔接手段的新提法，即"重复出现的语言成分可以是从形式到意义都完全一致的某个单词，可以是两个同源词"（朱永生等2001：110），同源词在语篇中所起到的作用就是名词化衔接语篇的功能。这为笔者提出名词化衔接语篇的三原则提供了理论依据和灵感，为学生理解名词化衔接语篇的理据提供了好记易懂的使用原则。

此外，笔者还从各类学术英语研究的理论专著和教材中吸收灵感，对名词化与学术英语的关系建立了清晰的认识，与从其他理论视角得出的名词化教学要素进行对照，坚定了研究的信心。

7.2.2　产出活动设计有效

建构名词化教学模型必须保证产出活动设计有效，这直接关系到产出目标能否实现。在 POA 理论体系中，文秋芳（2017a，2018b）提出了衡量促成产出任务设计的三个原则："精准性""渐进性"和"多样性"。邱琳（2019a，2019b）进一步研究了三个原则的下位操作标准。对标这三个原则和一系列下位操作标准，笔者进行了产出活动设计，以保障产出活动的有效性。

（1）对标精准性

"精准性"促成包含两方面的要义：既要对接产出目标，又要应对产出困难（邱琳 2020；文秋芳 2017a）。第一方面就是对接产出目标。"成功完成一项产出任务，至少需要内容、语言形式和用语言表达内容的话语结构。"（文秋芳 2015：555）帮助学生在正式语体中产出适量、正确的名词化是本研究的产出目标，为了精准对接这一产出目标，笔者必须在内容、语言形式和话语结构三方面有层次地搭建教学支架，把学生的学习注意力聚焦于名词化语言形式。

对标上述教学目标，本研究采用了三个教学设计。其一，在布置写作任务时，在课堂上讨论出主要写作论点和段落结构，提前为学生在内容和话语结构产出方面搭好脚手架；其二，在促成教学环节采用学生写作中的语料，通过将学生产出的一致式表达改写为名词化语法隐喻表达，对比相同语义下的不同语言表达形式，促进学生对名词化的学习；其三，成对布置相同主题下的写作任务，创造出使用相同目标词汇的语义场，增加产出机会，提高学生使用目标名词化词汇的频率。笔者精准对接教学目标，取得了良好教学效果，得到了学生的认可。一些学生对第一个教学设计的反馈如下：

> 在过去 16 周里，每周的英语课都感觉学到了东西，从每条作文写作技巧到每个单词，都感觉到老师的用心，尤其是作文技巧。以前写作文都是没有头绪，写了就是一句一句想，现在写作有了自己的思维，知道要怎么表达清楚自己的观点，学会了有条理逻辑的行文。（20171214，S6* 日志）
>
> 在作文思维拓展方面，我学会用写"思维导图"的方式来梳理整

个作文结构，使论点较之前更为多层次、更深入地分析、论述问题。
（20171214，S37* 日志）

此外，学生普遍认为第二个教学设计对名词化产出非常有用。例如：

　　教学中我觉得对我帮助最大的是老师用我们自己的例子作为
例题，可以让我们更明确地认识到自己的问题和更好地加以改正。
（20171214，S36* 访谈）

　　我认为老师教得很好。尤其是在教学中会充斥着许多应用实例，
让我可以直观地感受到运用抽象名词带来的好处，也在这些例子中明
白了该如何正确运用。（20181223，NS22 日志）

精准对接产出目标进一步体现在对写作任务的设计上。笔者设计了三个
相同写作主题下的成对产出任务，每个写作主题对应一组目标名词化词汇。
成对布置相同主题下的写作任务这一设计得到了观摩教师的认可。例如，T2
表示：

　　我听这课我也有感触，我也觉得挺好。……你讲了（名词化）之
后，让他们在 paired 或者 paralleled 写作中再次使用，让他们一下子
看出，这两个（写作练习）对他们有提高，在这方面不管是用词上还
是段落上都有提高。（20170927，访谈）

"精准性"的第二方面是应对产出困难。应对产出困难主要体现在教学要
素的提炼和产出练习的频率上。在教学要素的提炼上，笔者经常基于学生反馈
的产出难点及时调整教学，帮助学生应对困难，这得到了学生的认可。例如：

　　陈老师的课课堂效率极高，每个知识点都很完备且有条理，
也会根据大家的反馈及时调整适合的教学方式，可谓因材施教。
（20171211，S11 日志）

　　　　我很欣赏您对我们自身出现问题的及时应对，不光解决了问题，
　　更在潜意识中提高了我们的句子使用熟练程度。（20171211，S16
　　日志）

　　　　老师在每次课后都会悉心听取我们的意见，改进课堂，让我十分
　　感动。（20171214，S19* 日志）

　　鉴于学生要求增加名词化的产出机会，笔者不仅针对目标名词化词汇设
计了多个语言单位的产出练习，还在评价环节通过同伴互评、师生合作评价
和学生自评等多种方式增加学生对目标词汇的接触频率和产出频率。根据笔
者统计，仅在课堂上学生接触目标名词化词汇的频率就达到了 8—12 次。由
于频率是语言习得的决定性因素，语言知识的熟练运用要基于大脑对以往接
触的大量语言范例的记忆（Ellis 2002a，2002b），因此学生获得了良好的产出
效果。例如：

　　　　我相信不断地重复是掌握英语，甚至是所有技能的一个必备的条
　　件，通过知识的讲述、例题的辅助、习作中的尝试运用和批改后的再
　　次回顾这一个完整的过程，能够非常有效地让一个甚至之前对名词化
　　陌生甚至恐惧的人能够有比较深的理解。（20171030，S38 日志）

　　应对产出困难还体现在对其他教学活动的设计上。例如，在语篇单位的名
词化教学中，由于新的教学群体还没有很好地掌握名词化，再加上衔接语篇的
语言资源有多种，名词化只是其中一种，因此很多学生没有很好地领会教学要
点，语篇隐喻的产出数据不佳。针对这一产出困难，笔者改变了教学思路，优
化了教学设计，从以呈现"问题样本"为主，变为以呈现"优秀样本"为主。
从学生的反馈来看，笔者所做的教学活动设计变化在很大程度上解决了学生的
学习困难，达到了"精准性"的要求：

　　　　刚开始用名词化是以前自己写作文也会有意识去用，但是连接句
　　子我就很不擅长。……直到最后一节课，您拿同学的作文来讲课的时

候我才意识到它很精彩，才后知后觉。……还好最后一节课意识到了这个问题。(20181216，NS10 日志)

学习同学在面对相同题目时所使用的构词、连接手段，再对应自己所写的内容去进行修改完善，甚至二者相结合，能更好地完善自己的作文。(20181213，NS3 日志)

（2）对标渐进性

邱琳（2019b：418）指出：

POA "渐进性"促成在认知维度上从辨识理解、到按要求产出、再到开放性产出，"输入性学习"在先、"产出性加工"在后；在语言单位上从短语产出、到句子产出、再到篇章产出。整个学习过程中认知难度逐级增加，符合语言课堂的逻辑次序性。学生在"宏观"支架帮助下一步一步接近产出目标，到达产出终点。

沿着认知维度，笔者在促成产出活动的安排上，先布置按要求产出的活动，再逐渐过渡到开放性产出活动，难度逐步递增。例如，为了让学生掌握名词化之后的语序，笔者先布置排序题，再进行句子翻译练习，最后布置开放性的写作练习。学生认为：

老师在讲解名词化句子语序时，给我们布置了排序句子成分的练习题，虽然形式看似简单，但是在排序过程中，我更深刻理解了名词化句子语序中的逻辑。(20171127，S35 日志)

长句子的组合训练不仅能帮助我们练习名词化之后句子的语序，还有利于我们写长句。我在写作文的过程中就有这样的感觉，写完之后再去读这两句话，感觉句子太短然后就尝试着合并成一个长句。(20171127，S7 访谈)

显然，学生认为排序练习相对长句组合训练更为简单，有利于他们在产出活动中逐步进阶。在语篇单位的产出中，笔者先安排了语篇改写练习，后布置独立的写作任务。学生明显体会到了不同的难易程度，进行了如下反馈：

（改写练习）对我的感受来说是一个加深印象的过程。样本中出现大量形容词和动词的写作形式像极了我的写作风格。这个改写练习可以说给我指出了一条写作的新道路并加以应用。布置新的写作任务让我有更多的机会去尝试运用名词化，将名词化运用得更加熟练。（20181213，NS30 日志）

沿着语言单位的维度，笔者沿着词、短语、句子、语篇逐层推进，逐步实现名词化产出目标。学生对整体产出活动安排的评价如下：

老师的教学设计很合理，符合一个学习的合理进程，循序渐进，不断加深强调重点，使英语学习得到很好的管理和提高。（20171130，S11 日志）

在访谈中，观摩教师也充分肯定了语言单位递增的产出活动安排。例如，T1 在访谈中表示：

我觉得就是特别好的一点，比如说尤其是整个框架从词，然后到短语，然后到句子到篇章这个方式特别好，前后呼应。（20170918）

（3）对标多样性

"多样性促成通过'形式多样化'和'内容多样化'两个方面实现。形式多样化表现为信息渠道（输入模态和产出类型）、活动类型（故事接龙、辩论、小组汇报等）、组织形式（全班、小组、结对）等；内容多样化表现为交际目的、场合、对象、话题。"（邱琳 2019a：414）

在"形式多样化"方面，本研究主要通过多种输入模态和教学活动组织形式来体现。笔者采用了文本和听力两种模态进行名词化输入，以文本为主、听力为辅。文本材料主要包括笔者和外教合作撰写的教学材料和六级真题阅读中的学术类文章，两类材料均包含了丰富的名词化范例。听力材料来自BBC/VOA听力材料中的学术类型材料。笔者要求学生下载BBC六分钟英语和VOA常速英语的手机软件，从每天的听力推送中精心选择包含名词化词汇的材料，要求学生每天按要求进行听力训练，并把听力练习结果发送到班级微信群，由笔者做记录，以督促他们进行听力学习。听力训练的部分内容就是要求学生记录从听力材料中学习到的新表达，包括名词化。

图7.3展示了班级微信群学生听力训练的记录。在他们记录的新表达中包包含了大量名词化，例如prevalence、violence、concern、dweller、combination、access、conviction等。

图 7.3　学术类型听力训练记录

在学习日志中，学生表示听力模态下的输入既提升了听力技能也扩大了学术词汇量，经过一学期的输入训练，他们都有不同程度的进步：

　　　　每天 20 分钟的 BBC/VOA 听力使我增强了自己的词汇和听力。
（20181214，S9*）

　　　　听力打卡坚持下来了一个学期，这让我特别欣慰，之前从未也没
有坚持下来。总的来说，效果很明显。以前我听力是短板，现在做六
级听力就会觉得语速特别慢，而且很少有生词。（20181214，S31*）

　　在活动组织形式方面，笔者在促成和评价环节采用了多种教学组织形式，
既包括结对、小组讨论活动，还包括全班性的分析讨论，目的是通过不同活动
形式让学生对学习内容进行深加工，促进学生的学习。例如，在评价环节，笔
者进行了如下评价活动。首先，学生需要独立思考。接下来，他们可以交换答
案，并在小组内讨论。最后，笔者邀请部分小组到黑板上将他们的答案写下
来，全班一起评价和讨论。T1 在访谈中对这一系列活动发表了评论：

　　　　课上让学生上黑板去写答案，再带着全班一起讨论分析，这个我
觉得比前面那个（教学安排）就是要好很多。（20171120）

　　在内容多样化方面，笔者把内容促成引入开放空间，鼓励学生就写作任务
进行独立和辩证思考，多角度分析，在开放讨论的前提下再采用相对集中的论
点和论据进行写作。本研究的产出目标是在学术文本和正式书面语体中产出名
词化，交际目的都是通过使用名词化凸显和实现写作者的学术身份。但由于每
个具体产出任务的场合、对象和话题不同，因此实现了内容多样化。对此，学
生表示自己有较大的收获：

　　　　作文方面，都是同学们 brainstorm 后老师给出有逻辑的全方面的
论据，用给定论据写这文章。接触了多个方面社会问题的写作，每个
方面从不同角度分析问题，提出解决措施。（20171211，S26）

　　　　两周一篇英语作文也不算多，对于多个 topic 均有涉猎，保持了
课上知识的练习，帮助我更好地掌握。（20171214，S24*）

7.2.3　研究方法、教学方法与研究目标适切

研究目标与研究对象决定了研究方法的选择。当前，学术英语写作教学中重体裁、轻语言的现象急需解决，而名词化是学术英语的基本语言特征，涉及复杂的认知过程和语言结构转换过程，以名词化为切入点是改进学术英语语言教学的关键，这决定了名词化教学是个系统问题。名词化教学研究的目标是建构名词化教学模型，课堂教学研究的性质决定了笔者需面对众多变量，捋清复杂变量的互动关系，建立教学要素明确、可操作性强的教学模型。根据辩证研究方法的内涵（文秋芳 2018a，2020），本研究的研究对象与研究目标与辩证研究具有较高的匹配度，选择这一方法是取得良好教学效果的前提条件。在研究过程中，笔者首先要学习借鉴，从理论文献和向他人的教学研究中学习、从本人的教学实践中学习，也向学生学习。学生的学习体验和反馈是笔者理解和诠释研究结果、反思教学的重要来源。其次，在名词化教学研究中，教学模型的建构属于顶层设计。在研究的初始阶段，笔者根据学习借鉴预设了教学模型，需要通过多轮实践反复检验该模型是否能有效指导名词化教学实践，并根据每轮教学实践的效果不断调整教学模型。这为教学模型的最终优化奠定了基础。

本研究的教学目标是促成学生在学术文本中产出一定数量和质量的名词化表达，所选择的教学方法需要与这一目标相匹配。当前学术英语写作采用的主流教学方法是体裁教学法和基于语料库的教学法（Charles & Pecorari 2016；Hyland 2007；Swales 1990）。前者注重学术英语篇章结构、语步、语言特征等显性知识的讲授，在学术语言产出的微观层面，相关的词汇语法特征被整合到对文本和宏观学术语境的探讨中，而没有作为独立教学要素进行教授（Hyland 2007），对二语学习者的学术语言产出缺乏相应关注。后者把学习者视为研究者，主要通过语料驱动的学习模式，向学生提供大量的真实学术语料，让学生根据自己的观察和探索，对学术语言进行深加工，归纳总结出相关语言特征。但这种"自下而上"的教学模式需要较长的教学时间，在二语教学环境下的教学效率不高。因此，在学术英语写作教学中，有必要引入产出导向法这一教学方法，与体裁教学法和基于语料库的教学法互为补充，提升学术英语教学的成效。名词化既是学术语言的主要特征又是学习的难点，二语学习者对于名词化

的学习难以一蹴而就。产出导向法紧密结合学用两方面，以完成产出任务为导向，教学流程由"驱动—促成—评价"若干循环链构成，通过分解大的产出任务，在形式多样的多轮教学活动中精准应对学生的产出困难，循序渐进地促成名词化产出目标。鉴于选择了合适的教学方法，本研究能够把名词化教学内容落地，为"如何教"名词化提供了有效的教学操作流程和路径，保证教学研究取得了良好效果。

在教学过程中，笔者灵活把握教学方法，并适时进行调整。以评价环节为例，在产出导向法中，评价环节具有"以评为学"的作用，强调在教师的专业引领下开展师生合作评价，使评价成为复习、巩固、强化新学知识的机会。选择典型样本是开展卓有成效的师生合作评价的关键。在句间教学研究的第一阶段，笔者沿袭了句内教学环节选择典型样本时的标准——"可改、可评的中等质量产品"（文秋芳 2016：40），即存在问题的样本。然而，受限于教学时长、学生可选用语篇衔接手段的多样性，以及名词化学习难度等多个原因，学生在第一阶段的产出数据不理想；在评价"问题样本"时，由于语言加工压力大，"问题样本"没有起到引发学生"注意"，评价效果欠佳。在句间研究的第二阶段，笔者调整了选择典型样本的思路，从单一评价"问题样本"转变到以评价"优秀样本"为主、评价"问题样本"为辅，期望通过呈现目标名词化在产出任务中实现语篇衔接的正确范例，增加目标名词化的呈现频率，即以范例的示范作用带动学生学习并产出，达到促学的目的。学生的优秀样本为学生观摩完整语篇中的名词化衔接语篇示范用法提供了机会，引发很强的代入感，帮助学生产生了较深刻的认识与体会。实施效果表明，围绕研究目标对教学方法进行灵活把握、适时调整，助力研究取得了良好成效。

第八章 POA 在学术英语教学中的研究反思与展望

本研究先后历经了先导研究、句内教学和句间教学几个阶段，取得了良好的教学效果，但也存在一定的不足。本节将从名词化教学研究和 POA 教学研究两方面进行反思，并基于反思对未来研究进行展望。

8.1 研究反思

8.1.1 名词化教学研究反思

名词化在句内和句间均具有一定的句法功能，为了保证研究的系统性和完整性，名词化教学研究须涵盖这两部分的内容，其中句内教学的效果较为理想，句间教学的效果初步达成。反思这两个阶段的教学，均在一定程度上存在不足之处，下面分别讨论。

（1）句内教学研究的不足

虽然学生在句内名词化产出方面取得了长足进步，但依然存在一定的困难，突出表现为名词化产出要素的显性知识还没有完全转化为隐性知识，自动化程度不高。在课堂上，笔者观察到学生在练习过程中经常翻阅逻辑动词列表或课堂笔记，寻求产出支架。学生在使用介词衔接名词化的后置修饰语方面，仍然存在不同程度的困难和误用的情况。主要原因在于句子内部的名词化教学研究仅持续了一个学期。研究既需要提高学生的名词化产出能力，为他们进入高级学术写作课程做好准备，还要满足学生的应试需求。整个研究过程存在时间紧、强度大的问题。笔者通过现代信息技术，例如微信、听力 APP 等手段，将部分课堂教学内容翻转到课下，尽量多给学生提供名词化输入和产出的机会。然而，由于名词化是二语学习的难点，因此学生在短时间内仍然难以灵活应用所学习的名词化产出显性知识，达到自动化的水平。这说明教师应该增加教学时长，进一步提升产出练习的频率和强度，巩固学生的名词化语法隐喻能力。

另外，虽然本研究的教学对象均通过了英语四级考试，但他们的语言基础存在一定差异。在设计名词化教学活动时，笔者考虑到了不同水平学生的学习需求，将部分较为简单的教学内容安排到课下，在课上着重解决产出难度较大的问题，并在评价环节的课后练习量上进行了一定控制。然而，笔者并没有按照学生的不同语言水平进行全方位的教学设计。有学生对此提出了建议，希望在课后产出练习上针对不同语言水平的学生设计出基础性练习和拔高性练习，满足不同学习群体的学习需求。这表明在未来的教学设计中需要充分考虑学生对于分层教学的需求。

（2）句间教学研究的不足

名词化是二语学习的难点，名词化语法隐喻能力的培养是个长期的过程。受限于教学对象的复杂性和课时的限制，本研究在两个不同的学期分别针对两批不同的学生进行了名词化教学研究，时长相对较短。由于句间名词化教学要以句内名词化教学为基础，这意味着在相同教学时长内，第二批学生要同时完成句内和句间名词化学习，两部分的教学活动安排都受到了压缩，没有保障句间名词化教学的充分性和精细程度，这对句间名词化教学效果有一定的影响。

研究数据显示，第二批学生使用名词化衔接语篇的能力有显著提升，但存在两方面的问题：一方面，学生没有充分使用目标名词化来衔接语篇，在使用非目标名词化衔接语篇时，语料偏简单，大多数以单音节和双音节单词为主，例如 read—readers，use/useless—use，work—worker。另一方面，学生使用名词化衔接语篇的能力发展不均衡，有强有弱。虽然通过学习，大部分学生都具备了在写作中运用名词化衔接语篇的意识，但在写作过程中，不少学生难以完成在线产出，自如地运用名词化衔接语篇。一些学生甚至需要在完成写作之后，再对产出内容做进一步的改进。这表明在句间名词化教学研究中，教学目标只是初步达成，因为有的学生只是建立了使用名词化衔接语篇的意识，但在产出方面还未达到自动化的程度，存在一定困难。反思句间教学不甚满意的效果，主要有两方面的原因。首先，句间名词化的产出有赖于句内名词化产出的能力，理想状态下应先培养好学生在句子内部的名词化产出能力，再培养他们在句间使用名词化衔接语篇的能力。然而，受教学研究时长的限制，句间教学的时长不够，导致促成力度不强，影响了学生的学习效果。其次，由于英汉两种语言的差异，英语语篇衔接有多种方式，名词化衔接语篇仅为其中一项语言资源，且是二语学习者的学习难点，因此学习者可以选择使用其他相对简单的语言资源来实现语篇连贯。他们潜意识里会规避使用名词化，转而采用其他类型的语言资源。未来需要更长时间的历时研究，充分开展句间名词化教学，以便进一步优化教学模型和教学原则。

8.1.2　对应用 POA 理论的反思

作为发源于中国本土、具有中国特色的教学理论，POA 自创立以来一直在不断发展中，应用的范围也不断扩大，体现出了强大的指导作用。在应用 POA 开展教学研究的过程中，笔者发现需要结合不同的课程类型、不同教学内容和不同水平的授课对象，灵活地应用 POA 驱动教学流程，把控渐进性促成质量标准，考虑学生分层教学的需求。

（1）灵活应用驱动教学流程

POA 教学理论具有明确的教学流程，由"驱动—促成—评价"三个环节构成。在这三个教学环节中，"呈现交际场景是驱动环节的第一步，是 POA 最具创意的部分"（文秋芳、孙曙光 2020：4）。交际场景设计要求具备交际的真实性，这可通过产出场景的四要素来体现，即"话题（产出的内容是什么）、目的（为什么产出）、身份（谁产出、为谁产出）和场合（在何处产出）"（文秋芳、孙曙光 2020：7）。在四要素的设定中，教师首先要明确交际场景中的产出内容，即交际话题。交际话题要贴近学生的生活，具备一定的时代性、知识性、趣味性和认知挑战性。如果学生熟知与话题相关的百科知识，就不仅"有话可说"，而且"有意愿说"。在实践驱动教学环节中，POA 的教学新手会发现驱动教学环节的交际话题选择具有较高的挑战性，如何设计能够激发学生产出兴趣的话题令他们绞尽脑汁。此外，他们经常会产生的一个疑惑是：是在课程中针对总目标实施由"驱动—促成—评价"所构成的一个完整循环，还是就若干个小的产出目标实施多个"驱动—促成—评价"微循环？

以本研究为例，研究目标是提升二语学习者在学术写作中名词化的产出数量和质量，驱动场景必须为学术场景。因此，在研究的第一阶段，针对六个产出任务，笔者设计了学生参加暑期国际夏令营、担任英国教授的助教、向英文报刊投稿等驱动场景，期望通过呈现产出场景，调动学生的学习积极性、刺激学习欲望。然而，笔者发现由于大部分本科生没有参加学术活动的经历或需求，他们对学术交际场景的感知较为钝化。与通用英语相比，学术类课程在满足驱动教学设计的趣味性和贴近学生生活的要求方面存在一定的差距。此外，笔者发现，在驱动教学环节，对比正式的名词化表达方式和其相应的一致式表达方式（即口语化或正式程度不高的书面表达）更能激发学生的学习兴趣和好奇心。上述教学过程表明，在语言教学中，除了驱动场景本身，学习者中介语与目标语之间的有效对比，也能激发学生的学习兴趣。

在学术场景中，除了"话题"要素，其他三要素（"交际目的""参与者身份""交际场合的正式程度"）相对固定，变化不大。因此，针对每个具体的产出任务，只要说明产出话题即可，不用详细说明其他场景要素，更多的努力应该投入到精细地实施"促成—评价"的教学流程上。基于上述研究反思，在第二阶段的教学中，笔者进行了学术写作场景的总驱动，说明了学术写作场景中的话题、目的、身份、场合四要素，详细讲解了学术场合语体与一般社交场合语体的差异性。对于具体的产出任务，笔者仅对学术产出场景的话题做出描述，通过详细对比学生产出文本和目标文本激发学生的学习兴趣，而把更多的课堂时间投入到促成和评价教学环节中，在时间紧任务重的情况下，仍然取得了预期的教学效果。

这说明在实施 POA 驱动教学环节的过程中，教师应该结合课程特点和教学内容，充分发挥主观能动性，灵活运用该教学环节。例如，在学术英语教学中，可以针对教学目标实施总的产出驱动，通过详细对比学习者中介语与目标语，帮助学习者通过认识差距激发学习动力，之后阐明学术写作话题，再加上多个"促成—评价"教学的微循环，逐步实现教学目标。除了学术英语课程，在知识类型的课程，如普通语言学，也可以尝试灵活运用驱动教学环节。

（2）灵活把控促成教学质量标准

　　衡量促成环节的指标有三个：精准性、渐进性和多样性。其中，"'渐进性'促成主张设计难度递增的产出活动链，提出从'认知'和'语言'两个维度调控促成活动难度"（邱琳 2020：74）。当学生的语言产出能力不足时，从语言维度看，产出活动设计会从较小单位的语言开始，逐步过渡到较大单位的语言产出；从认知维度看，促成活动从中低级的认知活动逐步过渡到中高级的认知活动，即从记忆、理解类过渡到应用、分析类，最后到评价和创造类的产出活动（邱琳 2020）。依据渐进性原则，名词化教学设计沿着词汇、短语、句子和语篇的产出单位依次推进，从封闭型产出任务过渡到开放性产出任务。

　　对渐进性的教学设计，大部分学生予以了充分肯定，认为循序渐进、由浅入深的学习方式非常合理。但也出现了少数不同的声音，例如，有一位学生（S32）在学习反思中反馈教学过程"过于标准化"。为了深入了解该学生对"过于标准化"的看法，笔者对其进行了访谈。他认为在名词化教学和产出的单位上，没有必要严格按照从词汇、短语到句子和语篇的顺序进行，以免降低上课的效率。由于有些名词化词汇和短语并不难，可以直接从短语或句子单位开始教学。该学生的感受得到了一位观察教师（T3）的呼应，T3老师也认为不应该在课堂教学中讲解目标名词化的用法，而应该由学生直接在语篇中学习。对此，其他教师（T2）持反对观点，认为名词化的学习顺序应该由词到段。对此，笔者进行了认真反思。S32同学的教学档案显示他的四级考试成绩为583分，六级考试成绩为510分，语言水平较高，且具有很强的学习主动性。名词化这样一个学习难点对他认知的挑战度不是很高。然而，教学对象中很大一部分学生只通过了四级考试，且成绩分布不均匀，他们不熟悉抽象名词的后缀，且在把动词和形容词转化为名词方面存在一定困难，在使用名词化的前后置修饰语方面也存在诸多问题，因此名词化教学不同于一般性的词汇教学，宜循序渐进，分步开展教学。

　　但是，S32同学和T3教师关于提高名词化教学效率的建议非常值得采纳。在保证教学内容具有渐进性的前提下，笔者对教学活动进行了如下调整：把目标名词化的词形变化和前后置修饰语的搭配学习翻转到课下，提前以讲义形式发送到班级微信群，要求学生按照规定时间提前预习；把目标名词化在单词和短语单位的产出练习，包括词性变化、搭配填空、短语翻译等，也发送到班级微信群，请学生以接龙的形式完成练习，巩固预习效果。在课堂上，直接开展较大语言单位，包括句子、段落和语篇单位的产出促成活动。

可见，渐进性的促成活动要遵循"严谨设计，灵活实施"的原则。首先，在设计阶段，教师需针对产出目标精细地、渐进地搭建脚手架，产出单位由小到大，活动设计由易到难，从封闭式产出到开放性产出，不能有跳跃，以免给学生的产出带来困难。其次，在教学实施阶段，要根据学生的语言水平、学习能动性，选择合适的促成起点，可以是词汇，也可以是短语甚至是句子。促成活动可以部分翻转到线上，也可以直接在课堂中实施。总之，"严谨设计，灵活实施"的渐进性促成活动考虑到了不同语言水平学生群体对分层教学的需求，更有利于提升教学的成效。

8.2 研究展望

本研究示范了如何基于"产出导向法"在学术英语写作课程中开展名词化教学，实现名词化的标识语体、凝练语义、衔接语篇等多项功能。本节结合研究内容与研究局限提出三个未来研究方向。

8.2.1 名词化教学研究

名词化教学研究对于二语学习者掌握英语书面语、学习学术英语写作和以英语为载体的专业知识均具有非常重要的意义。本研究所建构的名词化教学模型和提出的名词化教学原则有待进一步发展和完善。

第一，加强研究的深度，更深入地研究名词化的习得和产出过程。名词化是二语学习的难点，名词化语法隐喻能力的培养是个长期过程。笔者面对不同的学生群体，在句内及句间分别开展了为期一个学期的研究，时长相对较短。未来需要更长时间的历时研究，观察学生名词化语法隐喻能力的培养和习得。此外，需要更加深入研究名词化的产出过程，考察学习者习得名词化时的认知变化过程和特点、习得规律、影响习得的因素、学习策略等，以便进一步优化本研究所提出的名词化教学模型和教学原则。

第二，加宽研究的广度，研究其他类型的名词化和语法隐喻教学。各种类型名词化的名词性强弱程度不同，有高有低，形成一个连续统。从理论来说，除了"形似一致式"向隐喻式名词的转化，即由动词和形容词派生为名词，还有"非形似一致式"向隐喻式名词的转化，例如连词和介词转化为名词，如so 转化为 cause/proof、in order to 转化为 purpose。鉴于理论上存在争议，且教学时长有限，本研究只聚焦了"形似一致式"向隐喻式名词转化的教学研究，为后续研究留下了空间。此外，"名词化是最有效的创造语法隐喻的方式"（Halliday 1985a：352），但不是唯一的方式。除了名词化，韩礼德还区分了其他11种语法隐喻类型（Halliday 1998：212）。下一步的教学研究方向是以其他类型的名词化和语法隐喻作为研究对象。

第三，深入考察名词化教学研究对学生写作水平和整体语言水平的影响。笔者在研究过程中对名词化使用的数量、质量和写作评分进行了相关性研究，数据没有表现出很高的相关性。这可能与教学研究的时长以及评分标准等因素有关。李长忠、黄琪（2008）的研究表明，中国英语学习者作文质量与语法隐喻能力密切相关，且为正相关。在他们的研究基础上，未来的研究可以深入考察名词化使用与学生写作水平和整体语言水平之间的关系，这对于进一步明确名词化教学研究的重要性具有很大的意义。

8.2.2　基于 POA 的学术英语教学研究

学术英语语言有其独特的词汇语法特征，除了名词化，还有模糊型立场标记语、被动语态、技术性词汇等，这些都是二语学习的重点或难点。然而，在当前的学术英语教学中，并未对这些重难点进行深入的研究。这与当前国内外学术英语教学中所采用的主流教学方法——体裁教学法，有着密不可分的关系。

Swales（1990）最早提出了体裁分析模式，提倡通过分析语步以及组成每个语步的多个语阶来讲授学术语篇的撰写。该模式具有非常强的可操作性，在我国高校的学术英语写作课程中得以广泛应用。"体裁教学包括文本语法模式的显性教学，但是语法被整合到对文本和语境的探讨中，而没有作为独立教学要素进行教授。"（Hyland 2007：153）这一特点对于以英语为母语的学习者而言，似乎没有太大问题，但给二语学习者的学术写作学习带来了很多问题，因为他们缺乏自动习得学术文体的词汇、句法、修辞和语篇特征的语境。

徐昉（2015：95-98）指出，学术语言能力理论视域下的写作实践研究"从以结果为导向转向以过程为导向，继而强调后过程（post-process）导向，使得学术英语写作的社会认知过程与教学也受到大量关注，与文本研究一同发展起来"。这恰好说明在二语学习的环境下开展学术英语教学的必要性。将学术写作落实到语言载体上，正是学术写作过程研究的应有之义。

各类学术英语语言特征均可依托 POA 教学法，根据"驱动—促成—评价"三个教学流程，落实到具体、可分解的产出任务中，再通过多轮教学设计，循序渐进地实现教学目标。

8.2.3　基于 POA 的学术英语写作教材编写

教材建设是育人育才的重要依托，学术英语写作教材的质量不仅影响到学术英语教学的开展，也影响到学生的学习效果。目前学术英语教材编写存在两方面的问题：

首先，从宏观层面来说，学术写作教材对学术英语语言知识和技能的培养未能给予充分关注。于强福、尚华（2016）对 2005—2014 年我国出版的高校学术英语写作教材进行了调查分析，发现目前学术英语写作教材存在诸多问题，主要包括：内容千篇一律，阐述学术论文各个组成部分的写作规范与技巧，大量堆砌理论、技巧、范文、素材；教材基本以编者为中心，缺少学生需求分析，只注重理论环节，缺少为学生定制的练习环节，导致教材无法有效地指导学生的写作产出。

目前学术英语写作教材编写有三大体例。第一，以大学科概念为划分基础、结合专业学科特点编写，包含各学科的分册。例如，外研社出版的"高等学校专门用途英语（ESP）系列教材"包含了人文、社科、理工、管理、医学等分册。第二，以学术英语写作各环节或分项技能的训练为纲编写。例如，《学术英语论文写作》（*Writing Research Papers*）（Dorothy *et. al.* 2015）包含了选择主题、同行评审、写作提纲、避免剽窃、引用等章节；《通用学术英语》（张敬源、王娜 2017）包含了学术写作介绍、标题、摘要、引言、材料与方法、结果与讨论等章节。第三，以不同学术英语作文类为纲编写。例如，《通用学术英语写作教程》（蔡基刚 2015）分别介绍因果分析、比较对比、定义分类、阐述观点等六大类常见的学术英语作文类型。上述各类学术写作教材很少涉及学术英语的语言特征，只有少量教材有所涉及但并不深入，大多只是简单带过，未能就学术语言特征进行具体讲授，并设计相关产出练习，不能搭建学术语言产出的"脚手架"，帮助学生完成学术写作产出任务。

其次，从微观层面而言，当前语言学理论研究的最新成果并未纳入写作教材的编写过程。以名词化为例，作为学术英语写作中最典型和核心的词汇语法形式，语言学领域的相关研究成果并未纳入国内的学术写作教材中。在开展本研究之前，为了准备难度适中、长度可控、意义完整的学术语篇，笔者查询了多本学术英语教材，查找了多个语料库，未发现适合我国高校二语学习者水平、同时富含名词化的输入材料。为此，笔者从写作主题选择、文本构思、目标词汇难度控制等多方面入手，撰写了三组主题下的六个学术输入文本。此外，笔者根据学生在每组写作任务中完成第一个任务的情况，调整目标词汇，对教学输入文本反复打磨，并请外教修改润色。在此过程中，笔者深感开发培养学生学术语言能力教材的艰难与不易。在本研究中，我们已经有了可操作性的教学理论框架，但还需要开发配套的学术英语教材，以便将教学研究的成果应用到教学实践中。

考虑到当前学术英语写作教材在宏观层面和微观层面存在的问题，我们应该在学术写作教材编写中应充分吸取最新的研究成果，将学术文本的语言使用特征纳入其中，并关注学生在产出过程中遇到的困难以及认知发展。简言之，教材应包含学术体裁知识培养和学术语言能力培养两方面的内容。

参考文献

Achugar, M. & M. Colombi. 2008. Systemic functional linguistic explorations into the longitudinal study of advanced capacities: The case of Spanish heritage language learners. In L. Ortega & H. Byrnes (eds.). *The Longitudinal Study of Advanced L2 Capacities*. New York, NY: Routledge. 36-57.

Alexander, O., S. Argent & J. Spencer. 2008. *EAP Essentials: A Teacher's Guide to Principles and Practice*. Reading: Garnet.

Berkenkotter, C. & T. N. Huckin. 1995. *Genre Knowledge in Disciplinary Communication: Cognition/Culture/Power*. Mahwah, NJ: Lawrence Erlbaum Associates.

Biber, D. & B. Gray. 2010. Challenging stereotypes about academic writing: Complexity, elaboration, explicitness. *Journal of English for Academic Purposes* 9: 2-20.

Biber, D., S. Conrad & R. Reppen. 1998. *Corpus Linguistics: Investigating Language Structure and Use*. Cambridge: Cambridge University Press.

Byrnes, H. 2006. *Advanced Language Learning: The Contribution of Halliday and Vygotsky*. New York, NY: Continuum.

Byrnes, H. 2009. Emergent L2 German writing ability in a curricular context: A longitudinal study of grammatical metaphor. *Linguistics and Education 20*(1): 50-66.

Chamot, A. & J. O'Malley. 1994. *CALLA Handbook: Implementing the Cognitive Academic Language Learning Approach*. Reading, MA: Addison-Wesley Publishing Company.

Charles, M. & D. Pecorari. 2016. *Introducing English for Academic Purposes*. Abingdon: Routledge.

Chomsky, N. 1970. Remarks on nominalization. In. R. A. Jacobs & P. S. Rosenbaum (eds.). *Readings in English Transformational Grammar*. Waltham, MA: Ginn and Company. 184-221.

Christie, F. 2002. The development of abstraction in adolescence in subject English. In M. Schleppegrell & M. Colombi (eds.). *Developing Advanced Literacy in First and Second Languages*. Mahwah, NJ: Lawrence Erlbaum Associates. 45-66.

Christie, F. & B. Derewianka. 2008. *School Discourse*. New York, NY: Continuum.

Colombi, M. 2006. Grammatical metaphor: Academic language development in Latino students in Spanish. In H. Byrnes (ed.). *Advanced Language Learning: The Contribution of Halliday and Vygotsky*. New York, NY: Continuum. 147-163.

Devrim, D. 2015. *Teaching Grammatical Metaphor: Designing Pedagogical Interventions*. Newcastle upon Tyne: Cambridge Scholars Publishing.

Dorothy, E. Z. et. al. 2015. *Writing Research Papers*. Beijing: Foreign Language Teaching and Research Press.

Ellis, N. C. 2002a. Frequency effects in language processing: A review with implications for theories of implicit and explicit language acquisition. *Studies in Second Language Acquisition 24*(2): 143-188.

Ellis, N. C. 2002b. Reflections on frequency effects in language processing. *Studies in Second Language Acquisition 24*(2): 297-339.

Halliday, M. A. K. 1985a. *An Introduction to Functional Grammar* (1st edition). London: Edward Arnold.

Halliday, M. A. K. 1985b. *Spoken and Written Language*. Geelong: Deakin University Press.

Halliday, M. A. K. 1994. *An Introduction to Functional Grammar* (2nd edition). London: Edward Arnold.

Halliday, M. A. K. 1998. Things and relations: Regrammaticizing experience as technical knowledge. In J. Martin & R. Veel (eds.). *Reading Science: Critical and Functional Perspectives on Discourses of Science*. London: Routledge. 185-236.

Halliday, M. A. K. 2004. *The Language of Science*. London: Continuum.

Halliday, M. A. K. & C. M. I. M. Matthiessen. 1999. *Construing Experience Through Meaning: A Language-Based Approach to Cognition*. London: Continuum.

Halliday, M. A. K. & C. M. I. M. Matthiessen. 2004. *An Introduction to Functional Grammar* (3rd edition). London: Hodder Education.

Halliday, M. A. K. & C. M. I. M. Matthiessen. 2014. *Halliday's Introduction to Functional Grammar* (4th edition). Oxon: Routledge.

Halliday, M. A. K. & J. R. Martin. 1993. *Writing Science: Literacy and Discursive Power*. London: The Falmer Press.

Halliday, M. A. K. & R. Hasan. 1985. *Language, Context and Text: Aspects of Language in a Social-Semiotic Perspective*. Geelong: Deakin University Press.

Halliday, M. A. K., A. McIntosh & P. Strevens. 1964. *The Linguistic Sciences and Language Teaching*. London: Longmans, Green and Co., Ltd.

Hyland, K. 2003. Genre-based pedagogies: A social response to process. *Journal of Second Language Writing 12*(1):17-29.

Hyland, K. 2006. *English for Academic Purposes: An Advanced Resource Book*. Abingdon: Routledge.

Hyland, K. 2007. Genre pedagogy: Language, literacy and L2 writing instruction. *Journal of Second Language Writing 16*(3):148-164.

Jespersen, O. 1924. *The Philosophy of Grammar*. London: George Allen & Unwin.

Johns, T. 1991. Should you be persuaded: Two samples of data-driven learning materials. *ELR Journal 4*: 1-16.

Krashen, S. 1982. *Principles and Practice in Second Language Acquisition*. New York, NY: Pergamon Press.

Langacker, R. W. 1987. Noun and verbs. *Language 63*(1): 53-94.

Langacker, R. W. 1991. *Foundation of Cognitive Grammar (Vol.II): Descriptive Application*. Stanford, CA: Stanford University Press.

Liardét, C. L. 2013a. A Corpus-Assisted Study of Chinese EFL Learner's Development of Academic Literacy. Ph.D. Dissertation. Sydney: University of Sydney.

Liardét, C. L. 2013b. An exploration of Chinese EFL learner's deployment of grammatical metaphor: Learning to make academically valued meanings. *Journal of Second Language Writing 22*(2):161-178.

Liardét, C. L. 2016. Grammatical metaphor: Distinguishing success. *Journal of English for Academic Purposes 22*: 109-118.

Martin, J. R. 1992. *English Text: System and Structure*. Amsterdam: John Benjamins.

Matthews, P. H. (ed.) 2000. *Oxford Concise Dictionary of Linguistics*. Shanghai: Shanghai Foreign Language Education Press.

Miller, C. R. 1984. Genre as social action. *Quarterly Journal of Speech 70*: 151-167.

Nesi, H. & S. Gardner. 2012. *Genres Across the Disciplines: Student Writing in Higher Education*. Cambridge: Cambridge University Press.

Quirk, R., S. Greenbaum, G. Leech & J. Svartvik. 1985. *A Comprehensive Grammar of the English Language*. London: Longman.

Radden, G. & K. -U. Panther (eds.). 2004. *Studies in Linguistic Motivation*. Berlin: Mouton de Gruyter.

Ravelli, J. L. 1988. Grammatical metaphor: An initial analysis. In E. Steiner & R. Veltman (eds.). *Pragmatics, Discourse and Text: Some Systemically-Inspired Approaches*. London: Pinter. 133-147.

Ravelli, J. L. 2003. Renewal of connection: Integrating theory and practice in an understanding of grammatical metaphor. In A. -M. Simon-Vandenbergen, M. Taverniers & L. Ravelli. (eds.). *Grammatical Metaphor: Views from Systemic Functional Linguistics*. Amsterdam: John Benjamins. 37-64.

Ryshina-Pankova, M. & H. Byrnes. 2013. Writing as learning to know: Tracing knowledge construction in L2 German compositions. *Journal of Second Language Writing 22*(2): 179-197.

Sapir, E. 1921. *Language: An Introduction to the Study of Speech*. New York, NY: Harcourt, Brace & World.

Schleppegrell, M. 2004. *The Language of Schooling: A Functional Linguistics Perspective*. Mahwah, NJ: Lawrence Erlbaum Associates.

Simpson, J. M. Y. 1979. *A First Course in Linguistics*. Edinburgh: Edinburgh University Press.

Snow, C. & P. Uccelli. 2009. The challenge of academic language. In D. Olson & N. Torrance (eds.). *The Cambridge Handbook of Literacy*. New York, NY: Cambridge University Press. 112-133.

Swales, J. M. 1990. *Genre Analysis: English in Academic and Research Settings*. New York, NY: Cambridge University Press.

Taverniers, M. 2003. Grammatical metaphor in SFL: A historiography of the introduction and initial study of the term. In A. -M. Simon-Vandenbergen, M. Taverniers & L. Ravelli. (eds.). *Grammatical Metaphor: Views from Systemic Functional Linguistics*. Amsterdam: John Benjamins. 5-33.

Thomas, D. & V. To. 2016. Nominalization in high scoring primary and secondary school persuasive texts. *The Australian Journal of Language and Literacy 39*(2): 135-148.

Thompson, G. 1996. *Introducing Functional Grammar*. London: Edward Arnold.

Wang, X. 2010. Grammatical metaphor and its difficulties in application. *US-China Foreign Language 8*(12): 29-37.

Webster, J. J. (ed.). 2004. *The Language of Science: Vol. 5 of Collected Works of M. A. K. Halliday*. London: Continuum.

Wilson, A., S. McNaughton & T. Zhu. 2017. Subject area literacy instruction in low SES secondary schools in New Zealand. *The Australian Journal of Language and Literacy 40*: 72-85.

班德尔，1978/1992，《美国英语作文》（*American English Rhetoric*），秦穗、胡望湘等译。长沙：湖南出版社。

蔡基刚，2015，《通用学术英语写作教程》。上海：复旦大学出版社。

曹雁、肖忠华，2015，中外作者科技论文英文摘要多维度分析模型，《外语教学》（6）：5-9。

陈浩，2020，基于POA的学术英语写作名词化教学研究：理论与实践。博士学位论文。北京：北京外国语大学。

陈浩，2022，名词化教学理论建构与教学原则研究，《外语教育研究前沿》（3）：41-49。

陈向明，2000，《质的研究方法与社会科学研究》。北京：教育科学出版社。

楚建伟、高云，2014，概念语法隐喻与英语书面语语体意识的培养，《西安外国语大学学报》（3）：65-67。

从迎旭，2011，概念语法隐喻研究的限制与扩展，《外国语》（5）：46-53。

邓玉荣，2013，英汉互译中的语法隐喻，《东北师大学报（哲学社会科学版）》（3）：235-237。

邓玉荣、曹志希，2010，英汉互译中的一致式与隐喻式，《外语学刊》（6）：114-116。

董宏乐，2002，概念语法隐喻与英文写作能力的提高，《国外外语教学》（3）：30-34。

董宏乐、杨晓英，2003，概念语法隐喻理论对阅读教学的指导意义，《国外外语教学》（4）：37-41。

董娟、董榆萍，2016，基于语法隐喻与合理化语码理论的英语教学思考，《语文学刊（外语教育教学）》(4)：140-142。

董娟、张德禄，2017，语法隐喻理论再思考——语篇隐喻概念探源，《现代外语》(3)：293-303。

范文芳，1999，名词化隐喻的语篇衔接功能，《外语研究》(1)：9-12。

范文芳、汪明杰，2003，论三大流派对英语名词化现象的研究，《外语研究》(3)：15-18。

韩礼德，1994/2010，《功能语法导论（第二版）》(*An Introduction to Functional Grammar*, 2nd edition)，彭宣维等译。北京：外语教学与研究出版社。

韩礼德，2004/2015，《科学语言》(*The Language of Science*)，张克定等译。北京：北京大学出版社。

韩礼德，2006/2015，《论语言和语言学》(*On Language and Linguistics*)，向明友等译。北京：北京大学出版社。

胡壮麟，2000，评语法隐喻的韩礼德模式，《外语教学与研究》(2)：88-94。

胡壮麟、朱永生、张德禄、李战子，2017，《系统功能语言学概论（第三版）》。北京：北京大学出版社。

黄国文，2009，语法隐喻在翻译研究中的应用，《中国翻译》(1)：5-9。

黄国文、辛志英（编），2012，《系统功能语言学研究现状和发展趋势》。北京：外语教学与研究出版社。

霍红、刘淑范，2009，中国大学生英语作文中语法隐喻使用情况的分析与启示，《外国语言文学》(3)：169-173。

季苏鹤，2015，提高语法隐喻的不同方法对语法隐喻习得的影响——来自追踪研究的证据，《浙江外国语学院学报》(6)：36-43。

教育部高等学校大学外语教学指导委员会，2020，《大学英语教学指南（2020版）》。北京：高等教育出版社。

金娜娜、陈自力，2004，语法隐喻的认知效果，《外语教学与研究》(1)：25-30。

克里斯特尔（编），1996/2000，《现代语言学词典（第四版）》(*A Dictionary of Linguistics and Phonetics*, 4th edition)，沈家煊译。北京：商务印书馆。

李长忠、黄琪，2008，语法隐喻与中国英语学习者议论文写作的相关性研究，《徐州师范大学学报（哲学社会科学版）》(6)：52-56。

李健雪，2009，论语法隐喻的输入与缺失对二语语域意识的影响，《四川外语学院学报》(S1)：67-71。

李杰，2016，语法隐喻理论指导下的隐喻能力培养，《中国外语》(3)：47-55。

李梦骁、刘永兵，2016，基于语料库的中外学者学术语篇词块使用对比研究，《现代外语》(4)：507-515。

李瑞芳、孟令新，2004，第二语言学习中语法隐喻对语言输入的影响，《外语教学》(3)：79-82。

李雪娇，2016，语篇级阶上的语法隐喻——标记性语篇组织方式，《外语学刊》(6)：39-42。

连淑能，2010，《英汉对比研究（增订本）》。北京：高等教育出版社。

刘国辉、陆建茹，2004，国外主流语言学派对名词化的研究，《外语与外语教学》(9)：17-22。

刘宓庆，2006，《新编汉英对比与翻译》。北京：中国对外翻译出版公司。

彭新竹，2015，从哲学系统论看语言的系统性，《外语学刊》(2)：10-13。

彭宣维，2016，词汇语法级阶视角下的经验语法隐喻新解，《语言学研究》(2)：59-76。

邱琳，2017，"产出导向法"语言促成环节过程化设计研究，《现代外语》(3)：386-396。

邱琳，2019a，"产出导向法"促成活动的设计研究。博士学位论文。北京：北京外国语大学。

邱琳，2019b，"产出导向法"促成环节的辩证研究，《现代外语》(3)：407-418。

邱琳，2020，《产出导向法促成活动设计》。北京：外语教学与研究出版社。

孙承荣、宋德生，2008，概念语法隐喻与学生英语语篇建构水平关系的实证研究，《外语学刊》(5)：127-129。

孙海晨，1998，《汉译英实用技能训练》。北京：外文出版社。

孙曙光，2019，基于产出导向法的师生合作评价研究：以写作活动为例。博士学位论文。北京：北京外国语大学。

孙曙光，2020，《产出导向法中师生合作评价》。北京：外语教学与研究出版社。

孙岩梅、高江梅，2011，概念语法隐喻在大学英语写作教学中的优势研究，《山东外语教学》(2)：73-78。

孙岩梅、邵新光，2011，语法隐喻与英语阅读，《西南民族大学学报（人文社会科学版)》(7)：189-191。

孙厌舒、王俊菊，2015，二语写作体裁教学研究的回顾与反思，《解放军外国语学院学报》（1）：44-50。

孙毅、陈朗，2009，语法隐喻的理论建构及其对外语教学的反拨作用，《昆明理工大学学报（社会科学版）》（2）：96-100。

王春岩，2018，不同英语水平学生对学术英语课程适应度的研究，《上海对外经贸大学学报》（4）：88-96。

王红阳、龚双霜，2016，语法隐喻迁移的应用研究，《宁波大学学报（教育科学版）》（3）：1-5。

王晋军，2003，名词化在语篇类型中的体现，《外语学刊》（2）：74-78。

王力，1985，《王力文集（第二卷）：中国现代语法》。济南：山东教育出版社。

王立非，2016，《商务话语名物化研究》。北京：对外经济贸易大学出版社。

王立非、陈功，2008，大学生英语写作中的名物化现象研究，《中国外语》（5）：54-60。

王丽、王楠，2017，二语学习者学位论文中的口语化倾向，《现代外语》（2）：275-286。

王蔷（编著），2002，《英语教师行动研究——从理论到实践》。北京：外语教学与研究出版社。

温植胜，2005，新修辞学派体裁研究的社会认知视角，《天津外国语学院学报》（6）：46-52。

文秋芳，2015，构建"产出导向法"理论体系，《外语教学与研究》（4）：547-558。

文秋芳，2016，"师生合作评价"："产出导向法"创设的新评价形式，《外语界》（5）：37-43。

文秋芳，2017a，"产出导向法"的中国特色，《现代外语》（3）：348-358。

文秋芳，2017b，辩证研究法与二语教学研究，《外语界》（4）：2-11。

文秋芳，2017c，"产出导向法"教学材料使用与评价理论框架，《中国外语教育》（2）：17-23。

文秋芳，2018a，"产出导向法"与对外汉语教学，《世界汉语教学》（3）：387-400。

文秋芳，2018b，"辩证研究范式"的理论与应用，《外语界》（2）：2-10。

文秋芳，2020，《产出导向法：中国外语教育理论创新探索》。北京：外语教学与研究出版社。

文秋芳、孙曙光，2020，"产出导向法"驱动场景设计要素例析，《外语教育研究前沿》（2）：4-11。

文秋芳、丁言仁、王文宇，2003，中国大学生英语书面语中的口语化倾向——高水平英语学习者语料对比分析，《外语教学与研究》（4）：268-274。

文秋芳等，2013，《认知语言学与二语教学》。北京：外语教学与研究出版社。

辛积庆，2019，中国学术英语发展 10 年述评:基于与国际相关论文的对比，《解放军外国语学院学报》（3）：64-72。

辛志英、黄国文，2012，系统功能语言学的发展阶段。载黄国文、辛志英（编），《系统功能语言学研究现状和发展趋势》。北京：外语教学与研究出版社。56-83。

熊学亮、刘东虹，2005，英语学习中语法隐喻的迁移，《外语教学与研究》（2）：100-105。

徐昉，2012，中国学习者英语学术词块的使用及发展特征研究，《中国外语》（4）：51-56。

徐昉，2015，学术英语写作研究述评，《外语教学与研究》（1）：94-105。

徐玉臣，2009，名词化的生成机制、类型及功能的新视界，《外语教学理论与实践》（2）：32-38。

杨鲁新、王素娥、常海潮、盛静，2013，《应用语言学中的质性研究与分析》。北京：外语教学与研究出版社。

杨晓英、何丽，2006，概念语法隐喻的教学思考，《昆明理工大学学报（社会科学版)》（1）：100-103。

杨延宁，2020，《汉语语法隐喻研究》。北京：北京大学出版社。

于强福、尚华，2016，国内学术英语写作教材出版现状研究，《教育评论》（2）：138-141。

曾建彬、廖文武、先梦涵、卢王玲，2013，研究生学术英语需求分析，《中国大学教学》（10）：79-83。

曾蕾、尚康康，2018，学术英语教学与学科英语研究的互动模式探讨，《西安外国语大学学报》（1）：53-59。

曾祥敏、杨静林、易红，2017，学术英语中的体裁分析与实证研究，《西南交通大学学报（社会科学版)》（6）：25-32。

张德禄，2005，功能语言学语言教学研究成果概观，《外语与外语教学》（1）：19-22。

张德禄、董娟，2014，语法隐喻理论发展模式研究，《外语教学与研究》（1）：32-44。

张德禄、赵静，2008，论语法概念隐喻中一致式与隐喻式的形似性原则，《外国语》（6）：25-32。

张凤娟，2011，从认知符号学视角分析概念语法隐喻对英语写作的影响，《山东外语教学》（5）：46-51。

张敬源、王娜（主编），2017，《通用学术英语》。北京：高等教育出版社。

赵冠芳、吕云鹤，2019，英语专业本科生对学术英语写作的构念认知，《外语与外语教学》（6）：69-79。

钟兰凤、陈希卉，2015，学术英语隐喻产出能力研究，《现代外语》（3）：386-395。

朱永生，1997，试论语篇连贯的内部条件（下），《现代外语》（1）：11-14。

朱永生，2006，名词化、动词化与语法隐喻，《外语教学与研究》（2）：83-90。

朱永生、严世清，2011，《系统功能语言学再思考》。上海：复旦大学出版社。

朱永生、郑立信、苗兴伟（编），2001，《英汉语篇衔接手段对比研究》。上海：上海外语教育出版社。

附 录

附录1：学生学习日志模板1及示例

学习日志

序号：_____ 姓名：_____ 学号：_____ 日期：___月___日

你近期的学习收获和感受，建议内容：

如何看待高级英语学习阶段书面语名词化现象，你认为学习抽象名词／施事名词重要吗？

你如何评价老师帮助同学们学习使用抽象名词／施事名词的教学设计？哪些环节你觉得比较好可以保持，哪些还需要提高和改进？

你在使用抽象名词写作和翻译时碰到了哪些困难？（如果可能，请举例说明）

其他收获和感受

学习日志

序号 27 姓名：××× 学号：××× 日期：10月30日

你近期的学习收获和感受，建议内容：

如何看待高级英语学习阶段书面语名词化现象，你认为学习抽象名词/施事名词重要吗？

你如何评价老师帮助同学们学习使用抽象名词/施事名词的教学设计？哪些环节你觉得比较好可以保持，哪些还需要提高和改进？

你在使用抽象名词写作和翻译时碰到了哪些困难？（如果可能，请举例说明）

其他的收获和感受

我认为书面语名词化现象在现阶段的英语学习中还是很不错的，不仅能够加深对单个单词的理解，并且也能够拓宽我们的词汇量，更加接近地道的英语。学习抽象名词和施事名词会使我们的写作水平提高，例如句式的多样化以及写作的正规化。老师的教学设计新颖独特，生动有趣味，让本就不喜欢听英语课的我都开始认真听。其中穿插的文化知识更提起了我的兴趣。我个人认为所有环节都还不错但在举例子的时候能多给一些反应和练习的时间。

我在使用抽象名词写作和翻译时常常在谓语动词卡住，不知该写什么。

附录2：学生学习日志模板2及示例

学习日志

序号：_____　姓名：_____　学号：_____　日期：___月___日

你近期的学习收获、感受和建议：

1. 你如何评价老师在第二单元教学中对于介词核心用法和引申用法的讲解？

2. 在第二单元教学中，老师对动词或形容词发生名词化之后的句子语序进行了一些讲解和教学设计，你能否回忆出老师进行了哪些讲解和设计？请简要列出来。这些内容对你掌握名词化之后的语序有什么帮助？

3. 老师提供的表示逻辑关系的动词表是否有助于你掌握抽象名词之后的谓语，你的看法是什么？

4. 在正式书面文体中，我们应该使用多大比例的名词化，是越多越好吗？你的观点是什么？

其他收获和感受

学习日志

序号　35　　姓名：×××　　学号：×××　　日期：11月27日

你近期的学习收获、感受和建议：

1、你如何评价老师在第二单元教学中对于介词核心用法和引申用法的讲解？

2、在第二单元教学中，老师对动词或形容词发生名词化之后的句子语序进行了一些讲解和教学设计，你能否回忆出老师进行了哪些讲解和设计？请简要列出来。这些内容对你掌握名词化之后的语序有什么帮助？

3、老师提供的表示逻辑关系的动词表是否有助于你掌握抽象名词之后的谓语，你的看法是什么？

4、在正式书面文体中，我们应该使用多大比例的名词化，是越多越好吗？你的观点是什么？

其他收获和感受

对于介词核心用法和引申用法的讲解很全面。

老师在讲解名词化句子语序时，给我们布置了几道排序句子成分的练习题，虽然形式看似简单，但是在排序过程中更深刻理解了名词化句子语序中的逻辑。

逻辑关系动词表对我来说非常有益处，让我在使用名词化时更有逻辑性，不用在耗费过多时间思考句子成分的顺序。

名词化在作文中并不是越多越好，而适当的名词化可以让作文更有文采。

附录 3：学生学习日志模板 3 及示例

学习日志

序号：_____ 姓名：_____ 学号：_____ 日期：____月____日

　　亲爱的各位同学，本学期即将结束，首先非常感谢这学期大家对我教学工作的配合！

　　在你们每次的学习日志中，我都读到了很多富有洞察力和非常有价值的意见和建议，对我的教学工作有非常大的帮助，我也很高兴见证了本学期大家所取得的不同程度的进步。在此，诚挚邀请大家写一下整个学期的学习感受和收获，我将作为一份珍贵的记忆留存，谢谢！祝各位同学大学剩下的时光学习有收获，生活有意义。

学习日志

序号 __9__　姓名：__XXX__　学号：__XXX__　日期：__12__月__1__日

亲爱的各位同学，本学期即将结束，首先非常感谢这学期大家对我教学工作的配合！

　　在你们每次的学习日志中，我都读到了很多富有洞察力和非常有价值的意见和建议，对我的教学工作有非常大的帮助，我也很高兴见证了本学期大家所取得的不同程度的进步。在此，诚挚邀请大家写一下整个学期的学习感受和收获，我将作为一份珍贵的记忆留存，谢谢！祝各位同学大学剩下的时光学习有收获，生活有意义。

　　学习感受：第一次来上课时，被老师的声音和热情所惊吓到了，我英语基础一般，所以前几次课听课下来最大的感受就是上课的速度好快啊，经常觉得脑子跟得慢，不能很快地反应出来，相比于班上其它同学而言，我自知相距甚远，所以会觉得吃力。但是几节课过后，老师会定期督促我们，如打卡、做相应的课下练习训练、作文批改等等。我自制力差，没能一直总结笔记。但是经过一学期的训练，无论是听力、阅读、作文还是翻译，都较上课所见着地提升。老师教的方法让我对原本一团混乱、不知如何下纳的英语学科有了清楚地认识，我学会了相差名词化的，如何在翻译中分先划分如段落，如何在作文中进行使用，合并几个有关联的句子然后再翻译。在作文中不着急下笔，先理清思路（1.定义，2.谐反的情境，积极应对，5.总结。）我认为收获最大的地方是作文，可能和平时训练次数较多有关系，这点我非常感谢老师，教会我如何辩证地思考。

请周日晚上上补充课程的同学反馈一下听课后的感受和建议，提示：补充课程的内容为①英语中使用频率最高的 8 个介词的核心意义和引申意义讲解；②表示逻辑关系动词的用法归类和要点讲解。

我需要你们的反馈和建议，对我的教学和将来上我这门课的同学们都有帮助 ^_^

请写在背面。

请周日晚上上补充课程的同学反馈一下听课后的感受和建议，提示：补充课程的内容为①英语中使用频率最高的 8 个介词的核心意义和引申意义讲解；②表示逻辑关系动词的用法归类和要点讲解。

我需要你们的反馈和建议，对我的教学和将来上我这门课的同学们都有帮助 ^_^

请写在背面。

附录 4: 学生学习日志模板 4 及示例

学习日志

序号：_____ 姓名：_____ 学号：_____ 日期：2018 年 12 月 13 日

各位同学，在本学期的教学中，我设计了一些新的教学方法，期望改进教学，与同学们共同提高。教学相长，大家给我的反馈和建议，对我改进教学工作有非常大的帮助。期待您的反馈！

1. 你是否在写作中采用过名词化连接句子和段落？如果用的不多感觉在使用时有哪些困难？

2. 在本学期的高级英语综合课程中为了帮助大家提高写作和阅读能力，把名词化作为了教学的重点之一。在写作的构词成段和成篇部分，老师设计了如下教学活动，你觉得是否有用？如果有用，哪些教学活动对你有帮助，请说明。

   ① 从熟悉的词汇出发，教授相对应的名词，从名词到短语、句子、段落，学习一步步把名词化应用到写作语篇中；

   ② 写作样本改写练习（要求把样本中重复出现的形容词和动词，在第二次出现时改写为名词）；

   ③ 提出作文语篇中使用名词化的三原则（英语忌重复使用单词，把熟悉的动词和形容词名词化，增加词汇的多样性；词汇的使用从简单到复杂，动词和形容词在前，名词化在后；名词化不是越多越好，语言需要多样性）；

   ④ 讲解英语构词成段和成篇的多种连接手段，通过具体的句子和段落带领同学们识别和分析，以认识掌握各种英语语篇衔接手段包括名词化的重要性；

   ⑤ 布置新的写作任务要求大家能够应用名词化连接句子和段落；

   ⑥ 评估同学的作文中的英语构词成段和成篇的多种连接手段，并对照自己的作文。

学习日志

序号 16　姓名: ×××　学号: ×××　　　日期: 2018 年 12 月 13 日

各位同学，在本学期的教学中，我设计了一些新的教学方法，期望改进教学，与同学们共同提高。教学相长，大家给我的反馈和建议，对我改进教学工作有非常大的帮助。期待您的反馈!

1、你是否在写作中采用过名词化连接句子和段落? 如果用的不多感觉在使用时有哪些困难?

采用过。主要困难是以前写作的惯性思维和习惯，还有对那一个词的形容词形式和名词形式同时掌握的较高要求。

※ 这些多加练习都可以解决。

2、在本学期的高级英语综合课程中为了帮助大家提高写作和阅读能力，把名词化作为了教学的重点之一。在写作的构词成段和成篇部分，老师设计了如下教学活动，你觉得是否有用? 如果有用，哪些教学活动对你有帮助，请说明。

① 从熟悉的词汇出发，教授相对应的名词，从名词到短语、句子、段落，学习一步步把名词化应用到写作语篇中；

② 写作样本改写练习 (要求把样本中重复出现的形容词和动词，在第二次出现时改写为名词)；

③ 提出作文语篇中使用名词化的三原则 (英语忌重复使用单词，把熟悉的动词和形容词名词化，增加词汇的多样性；词汇的使用从简单到复杂，动词和形容词在前，名词化在后；名词化不是越多越好，语言需要多样性)；

④ 讲解英语构词成段和成篇的多种连接手段，通过具体的句子和段落带领同学们识别和分析，以认识掌握各种英语语篇衔接手段包括名词化的重要性；

⑤ 布置新的写作任务要求大家能够应用名词化连接句子和段落；

⑥ 评估同学的作文中的英语构词成段和成篇的多种连接手段，并对照自己的作文。

绝大多数教学活动真心有用。

①、循序渐进，这确实是一个很好的方法，增大了我们的易接受度。

②、"改写"能让我们拥有更深刻的印象，改的也许是写作样本，但是可以反思自己的。

③、三原则中，名词化在后是我学到的新方法，其它的已经其他老师反复强调 ^_^

④、实例分析肯定必不可少，例子可以足够简单才更好。

⑤、熟能生巧，课下的练习是保证收获的基础，没有实战练习，再多的强调也只是空谈。

⑥、wow，老师能评估你的作文的很开心，感觉得到了认可，也加深了名词化连接手段对我来说的重要性，永久难忘 !!

（背面）亲爱的各位同学，本学期即将结束，首先非常感谢这学期大家对我教学工作的配合！在此，诚挚邀请大家写下整个学期的学习感受和收获，我将作为一份珍贵的记忆留存，谢谢！祝各位同学大学在大学剩余的时光里学习有收获，生活有意义。

亲爱的各位同学，本学期即将结束，首先非常感谢这学期大家对我教学工作的配合！在此，诚挚邀请大家写下整个学期的学习感受和收获，我将作为一份珍贵的记忆留存，谢谢！祝各位同学大学在大学剩余的时光里学习有收获，生活有意义。

是我大学英语能力的第二次重生。

我来自贵州，一个是语教学资源和能力极其匮乏的地方，大一意外被调进A班，老师的全英文教学让我一下子懵了，我没有了信心，也对英语失去了兴趣，所以，大一的英语基本都在逃避。

但是后来，我有幸选上了陈浩老师的课程，让我又对英语燃起了热情。真的是上帝对我的眷顾，喔嗯喔，教学方法、课堂气氛、教学安排都是我前所未见的，要是我一开始就能遇到陈老师，那该多好啊！！

除了学习方面，生活方面老师也给了我许多启迪。对语言学的不断追求，对学生的热爱，对工作的态度……太多太多值得我们学习的地方，只恨时间太快，最后的课堂，我真的有些不舍。

感谢老师、师恩永记。

你的学生、

×××

2018. 12. 13

附录5：名词化产出语料库标注编码及示例

一、语料文件名称编码

第一组写作任务 A：T1A　　　　　第一组写作任务 B：T1B

第二组写作任务 A：T2A　　　　　第二组写作任务 B：T2B

第三组写作任务 A：T3A　　　　　第三组写作任务 B：T3B

学生编号：S1, S2, S3, S4 ……

周一授课班级学生：C1　　　　　周四授课班级学生：C4

语料文件名编码组合：班级信息＋学号＋写作任务（A/B）

例如：周一授课班级 11 号学生所完成第一组写作任务 A 的文本，最后编码为 C1S11T1A

二、语料标注

目标名词化教学词汇 / 非目标名词化教学词汇：T/NT

名词化语法隐喻：G　　正误：R/W

名词化所充当的句子成分：

介词宾语 J；　　　　主语 Z；　　　　　动词宾语 D；

表语 P；　　　　　存现句表语 E；　　　be of 结构 BO；

形容词 A；　　　　副词 AD；　　　　　动词 V。

语料标注编码及示例表

	成分	正确的目标名词化	错误的目标名词化	正确的非目标名词化	错误的非目标名词化
1	介宾	<TGJR>	<TGJW>	<NTGJR>	<NTGJW>
2	主语	<TGZR>	<TGZW>	<NTGZR>	<NTGZW>
3	动宾	<TGDR>	<TGDW>	<NTGDR>	<NTGDW>
4	表语	<TGPR>	<TGPW>	<NTGPR>	<NTGPW>
5	存现句表语	<TGER>	<TGEW>	<NTGER>	<NTGEW>
6	be of	<TGBOR>	<TGBOW>	<NTGBOR>	<NTGBOW>
7	名词化错用	<TGWA>、<NTGWA> 错用为形容词 <TGWAD>、<NTGWAD> 错用为副词 <TGWV>、<NTGWV> 错用为动词			

语料标注示例（C1S8T2A）

With the rapid development <NTGJR> of society currently, the issue of left-behind children is capturing people's attention. In consideration <TGJR> of living a childhood without company <NTGJR> from parents, measures <NTGZR> should be taken to protect these children from safety and mental health problems.

First of all, the governments should play the leading role by allowing free access <TGDR> to public education, offering specific healthcare and supplying other social service. In this way, there is a greater possibility <NTGER> for them to stay together. Additionally, it is of great importance <NTGBOR> for the rural governments to show their care <NTGDR> for the left-behind children. Boarding school may be a good choice <TGPR> to include children in a fixed space where they can gain knowledge <NTGDR> and safety <NTGDR>. And affording the adults more local job opportunities is likely to prevent their parents from going away from them. Last but not least, the balance between the immediate economic needs and children's welfare is a question worthy of deep thought <NTGJR> for their parents. They really should spend more energy on emotional ties with and support for children.

In conclusion <NTGJR>, I have a firm belief <TGDR> in that great efforts will win the improvement <NTGDW> of their living conditions.

附录6：名词化理解和产出能力的前后测试卷

高级综合英语期初练习题

序号：_____　学号：_____　姓名：_____

各位同学，下面这套题目是为了了解你们目前的英语学习状况，便于老师有针对性地开展教学，帮助大家提高英语水平。只要认真完成便可计入平时成绩，最重要的是真实地呈现你们的水平。请不要在做题的过程中查单词或参考其他同学的答案。

一、句子阅读：请解释下列句子的意思，中英文均可。

1) Conversion of paper to electronic medical records will help reduce extra tests.

2) Failure to reconfirm will result in the cancellation of your reservations.

3) Increased inequality and decreasing mobility pose a fundamental threat to the American Dream.

4) The rapid development of Chinese economy accounts for the addition of Chinese to their curriculum by American high schools.

二、句子写作：请在横线中填入词或短语，改写题目提供的句子。要求句子意义保持不变，整个句子的语法正确。

1) Among the people who apply for the position, he is the most promising one.

He is the most promising _____ for the position.

2) If a person avoids being stressful, his health improves.

A person's health improves with the_____of stress.

3) The doctor arrived quickly and examined the patient carefully, as a result, he recovered very soon.

The doctor's quick arrival and_____brought about his speedy recovery.

4) He criticized this deeply ingrained policy. This exposed his selfishness and bias.

_____ of this deeply ingrained policy exposed his selfishness and bias.

三、句子翻译：下列句子已经给出了一种翻译，请把汉语句子中的画线部分用不同的词性和句型再次翻译。

1) 男性不愿意退休，这与他们将要失去金钱有关。

译法 1：Men are unwilling to retire. It is associated with the fact that they will be deprived of money.

译法 2：_____ is associated with the_____ money.

2) 外交部对两国之间的对抗预估不足，导致了一场军事冲突。

译法 1：The Ministry of Foreign Affairs underestimated that these two countries confronted each other severely, leading to a military clash.

译法 2：The _____ between these two countries by the Ministry of Foreign Affairs led to a military clash.

3) 孩子们对迪斯科爵士乐越来越感兴趣，上一代人接受了他们的兴趣。

译法 1：The children are becoming increasingly interested in disco jazz and the old generation accepts their interest.

译法 2：There is a growing _____

_____ in disco jazz.

高级综合英语期初练习题答题纸

序号：_____ 姓名：_____ 学号：_____

一、句子阅读

1) _____

_____（此题中如果有生词，请标出：　　　　）

2) _____

_____（此题中如果有生词，请标出：　　　　）

3) _____

_____（此题中如果有生词，请标出：　　　　）

4) _____

_____（此题中如果有生词，请标出：　　　　）

二、句子写作

1) He is the most promising _____ for the position.

（生词：　　　　）

2) A person's health improves with the_____of stress.

（生词：　　　　）

3) The doctor's quick arrival and _____

brought about his speedy recovery.

（生词：   ）

3) _____ of this deeply ingrained

policy exposed his selfishness and bias. (生词：   )

三、句子翻译

1) _____ is associated with the_____

money. (生词：   )

2) The _____ between these two countries by the

Ministry of Foreign Affairs led to a military clash. (生词：   )

3) There is a growing _____ in

disco jazz. (生词：   )

高级综合英语期末练习题

序号：_____ 学号：_____ 姓名：_____

各位同学，下面这套题目是为了了解你们经过一个学期学习后的英语学习状况。只要认真完成便可计入平时成绩，最重要的是真实地呈现你们的水平。请不要在做题的过程中查单词或参考其他同学的答案。

一、句子阅读：请解释下列句子的意思，中英文均可。

1) The opposition to the medical reform from the middle-aged is quite strong.

2) The lack of enthusiasm could stem from concerns about privacy.

3) Lengthened exposure will result in the increased deterioration (变质) of the item.

4) The emissions-reduction promises submitted by counties leading to the Paris talks are very likely to be fulfilled.

二、句子写作：请在横线中填入词或短语，改写题目中提供的句子。要求句子意义保持不变，整个句子的语法正确。

1) This expert strongly advocated that transgenic food should be prohibited from the market.

This expert is a strong ＿＿＿＿＿＿＿＿of anti-transgenic food.

2) When it is compared with other organs, human heart is rather weak.

Human heart is rather weak in ＿＿＿＿＿＿＿with other organs.

3) As the airline canceled the flight at the last minute, the travel group had no choice but to change its route.

The ＿＿＿＿＿＿＿＿＿＿＿＿＿＿＿＿ by the airline compelled the travel group to change its route.

4) Consumers prefer touch-screen smartphones. This has already become a trend.

＿＿＿＿＿＿＿＿＿＿＿＿＿ for touch-screen smartphones has already become a trend.

三、句子翻译：下列句子已经给出了一种翻译，请把汉语句子中的画线部分用不同的词性和句型再次翻译。

1) 他们缺乏热情，这是因为他们非常关注隐私和安全。

译法 1：They lacked enthusiasm and it was because they were deeply concerned about privacy and security.

译法 2：＿＿＿＿＿＿＿could stem from the deep ＿＿＿＿＿＿＿ privacy and security.

2) 公司<u>没有预料到</u>年轻的客户<u>明显倾向</u>选择个性化的产品，导致了销量的下降。

译法1：The company did not expect younger customers apparently tend to choose personalized products, which accounts for its sales decline.

译法2：The _____ of younger customers to choose personalized products by the company accounts for its sales decline.

3) 到了唐代（Tang Dynasty），<u>朝廷将灯笼与佛教（Buddhism）联系起来</u>，从此点灯笼就成了元宵节官方礼仪的一部分。

译法1：By the Tang Dynasty, the court connected lanterns with Buddhism, which made the lightening of lanterns at the Lantern Festival a part of official ceremony.

译法2：By the Tang Dynasty, the _____ _____ made the lightening of lanterns at the Lantern Festival a part of official ceremony.

高级综合英语期末练习题答题纸

序号：_____ 姓名：_____ 学号：_____

一、句子阅读

1) _____
_____ （此题中如果有生词，请标出：   ）

2) _____
_____ （此题中如果有生词，请标出：   ）

3) _____
_____ （此题中如果有生词，请标出：   ）

4) _____
_____ （此题中如果有生词，请标出：   ）

二、句子写作

1) This expert is a strong _____ of anti- transgenic food.

（生词：　　　　）

2) Human heart is rather weak in _____ with other organs.

（生词：　　　　）

3) The _____ by the airline compelled the travel group to change its route.

（生词：　　　　）

4) _____ for touch-screen smartphones has already become a trend.

（生词：　　　　）

三、句子翻译

1) _____ could stem from the deep _____ privacy and security. （生词：　　　　）

2) The _____ of younger customers to choose personalized products by the company accounts for its sales decline. （生词：　　　　）

3) By the Tang Dynasty, the _____ made the lightening of lanterns at the Lantern Festival a part of official ceremony.

（生词：　　　　）

附录 7：课堂教学观察表

课堂教学观察表

维度	观察点		教学目标清晰度	教学内容与目标是否匹配	内容难度是否合适	课时分配是否恰当	课堂氛围	师生互动	简要评价与证据分析
教师教学	驱动教学活动1	理论	1 2 3 4 5	1 2 3 4 5	1 2 3 4 5	1 2 3 4 5	1 2 3 4 5	1 2 3 4 5	
	写作任务(paired topic A)		(本栏观察点单列)	写作结构和论点的课堂讨论是否清晰 任务设计内容是否使用目标教学词汇			1 2 3 4 5 1 2 3 4 5		
	促成教学活动	单词单位	1 2 3 4 5	1 2 3 4 5	1 2 3 4 5	1 2 3 4 5	1 2 3 4 5	1 2 3 4 5	
		短语单位	1 2 3 4 5	1 2 3 4 5	1 2 3 4 5	1 2 3 4 5	1 2 3 4 5	1 2 3 4 5	
		句子单位	1 2 3 4 5	1 2 3 4 5	1 2 3 4 5	1 2 3 4 5	1 2 3 4 5	1 2 3 4 5	
		语篇单位	1 2 3 4 5	1 2 3 4 5	1 2 3 4 5	1 2 3 4 5	1 2 3 4 5	1 2 3 4 5	
	驱动教学活动2 写作任务(paired topic B)		(本栏观察点单列)	写作结构和论点的课堂讨论是否清晰 任务设计内容是否使用目标教学词汇			1 2 3 4 5 1 2 3 4 5		
	评价教学活动	学生合作评价	1 2 3 4 5	1 2 3 4 5	1 2 3 4 5	1 2 3 4 5	1 2 3 4 5	1 2 3 4 5	
		师生共同评价	1 2 3 4 5	1 2 3 4 5	1 2 3 4 5	1 2 3 4 5	1 2 3 4 5	1 2 3 4 5	
学生学习	听课专注度		1 2 3 4 5	1 2 3 4 5	1 2 3 4 5	1 2 3 4 5	1 2 3 4 5	1 2 3 4 5	
	参与课堂活动的积极性		1 2 3 4 5	1 2 3 4 5	1 2 3 4 5	1 2 3 4 5	1 2 3 4 5	1 2 3 4 5	
	回答问题的质量		1 2 3 4 5	1 2 3 4 5	1 2 3 4 5	1 2 3 4 5	1 2 3 4 5	1 2 3 4 5	
您的其他评价/建议与意见									

填写说明：表格中的数字 12345 代表了您对各个观察点的评价，1代表较高程度的评价，5代表较低程度的评价，1—5 中间的其他数字所代表的评价从高到低，请按观察和听课感受如实勾选（√）即可，感谢您的配合！

附录 8：英语常见名词后缀

一、构成具有抽象名词的含义

序号	后缀	意义	举例
1	-acy	性质，状态，境遇	
2	-age	状态，行为，身份及其结果，总称	
3	-al	事物的动作，过程	
4	-ance, -ence	性质，状况，行为，过程，总量，程度	
5	-ancy, -ency	性质，状态，行为，过程	
6	-bility	动作，性质，状态	
7	-craft	工艺，技巧	
8	-cracy	统治，支配	
9	-cy	性质，状态，职位，级别	
10	-dom	等级，领域，状态	
11	-ery, -ry	行为，状态，习性	
12	-ety	性质，状态	
13	-faction, -facture	作成，……化，作用	
14	-hood	资格，身份，年纪，状态	
15	-ice	行为，性质，状态	
16	-ine	带有抽象概念	
17	-ing	动作的过程，结果	
18	-ion, -sion, -tion, -ation, -ition	行为的过程，结果，状况	

（续表）

序号	后缀	意义	举例
19	-ise	性质，状态	
20	-ism	制度，主义，学说，信仰，行为	
21	-ity	性质，状态，程度	
22	-ment	行为，状态，过程，手段及其结果	
23	-mony	动作的结果，状态	
24	-ness	性质，状态，程度	
25	-or, -our	动作，性质，状态	
26	-osity	动作，状态	
27	-ship	情况，性质，技巧，技能及身份，职业	
28	-th	动作，性质，过程，状态	
29	-tude	性质，状态，程度	
30	-ure	行为，结果	
31	-y	行为的结果，状态，性质	

二、具有某种职业或动作的人

序号	后缀	意义	举例
1	-an, -ian	……地方的人，精通……的人	American, historian
2	-al	具有……职务的人	principal
3	-ant, -ent	……者	merchant, agent, servant, student
4	-ar	……的人	scholar, liar
5	-ard, -art	做……的人	coward, laggard, braggart

（续表）

序号	后缀	意义	举例
6	-arian	……派别的人，……主义的人	humanitarian, vegetarian
7	-ary	从事……的人	secretary, missionary
8	-ate	具有……职责的人	candidate, graduate
9	-ator	做……的人	educator, speculator (投机者)
10	-crat	某种政体、主义的支持者	democrat, bureaucrat
11	-ee	动作承受者	employee, examinee
12	-eer	从事于……的人	engineer, volunteer
13	-er	从事某种职业的人，某地区、地方的人	banker, observer, Londoner, villager
14	-ese	……国人，……地方的人	Japanese, Cantonese
15	-ess	阴性人称名词	actress, hostess, manageress
16	-eur	……家	amateur, littérateur
17	-ian	……地方人，信仰……教的人，从事……职业的人	Christian, physician (内科医生), musician
18	-ician	精通者，……家	electrician, magician, technician
19	-icist	……家，……者，……能手	physicist, artist
20	-ic	……者，……师	mechanic, critic
21	-ie	小……，……的	lassie (小姑娘), cooki, sweeti, quickie
22	-ier	从事……职业的人	clothier, brazier (黄铜匠)
23	-ine	阴性人称	heroine
24	-ist	从事……研究者，……主义者	pianist, dentist, optimist, realist

（续表）

序号	后缀	意义	举例
25	-ive	动作者，行为者	native, fugitive
26	-logist	……学家，研究者	biologist, geologist(地质学家)
27	-or	……者	author, doctor, operator
28	-ster	做……事情的人	youngster, gamester(赌徒), songster
29	-yer	从事……职业者	lawyer

附录 9：小组评价练习表

小组评价练习表（T3B）

参加小组讨论成员	
练习 1：请改正下列句子中使用不当或错误的句子成分。	请将句子的修改部分抄写在本表格中（注明题号，题目后标注修改人姓名）

（续表）

练习2：把下列句子的空缺成分重新排序，组合成一个完整的句子。	请将填空部分的答案抄写在本表格中（注明题号，题目后标注修改人姓名）

附录 10：评价练习自评表

写作中使用名词化的"自评表"

自评人姓名与学号		使用名词化的个数	
正确使用的名词化例句	例子（请将名词所在的句子抄写在本表格中）		

（续表）

	例子及修改
错误使用的名词化例句	
	原句及修改
你觉得自己所表达的语义还有哪些可以用名词化词汇来表达	

附录 11：表示逻辑关系的动词列表

1. 因果

　　bring about 导致，造成，带来，引起

　　cause 导致，引起（尤指不好的事）

　　produce 引起

　　arise from 产生于，起因于

　　lead to 招致，致使，导致

　　account for 导致，解释（~ a fact or situation）

　　result from 产生于……，由……引起

　　result in 导致，引起，造成

　　make sb./sth./it + a. 使某人或某物处于某种状态或具有某种特征

　　sth. stem from 起源于，由……引起或造成

　　be attributed to 由……造成，归结于……

　　ascribe to 把……归于……

　　give rise to 造成，引起，导致

　　raise 引起，唤起，激起

　　produce 产生，引起，造成

　　generate 造成，引起，导致

　　create 使发生

　　trigger off 引起，激起（crisis, war, argument）

　　arouse 唤起，引起（反应或态度）（sth. ~ feeling, reaction, attitude in sb.）

　　excite sth. in/ among sb. 激起，引起，唤起

　　incur 招致，带来，遭受

2. 让步

　　prevent 防止，预防，阻止

　　conflict with 与……矛盾

　　contradict 与……矛盾，同……抵触

　　contravene 违反，违背，触犯

preclude 排除，杜绝，防止

3. 条件

depend/rely on sth. 取决（于），有赖（于）

determine 是……的决定因素

condition 制约，限制；使适应

contribute to 促成，促使，是导致……的原因之一

benefit 获益，对……有益，有利于（sth. benefit sb., sb. ~ from sth.）

induce 引起，导致

deplete（大量）减少，消耗

cost sb. sth. 使丧失，使损失（主语是 event、mistake 之类的词）

weaken 削弱，减弱

inflict (harm or damage) on sb./sth. 予以（打击），使遭受（损伤、苦痛等）

need 要求有，需要

require 需要，有赖于

demand 需要（~ patience, attention…）

4. 说明

be 是，有，存在，做，成为，发生

become 成为，变得，变成

remain 保持，依然，留下，剩余，逗留，残存

turn into 变成，进入

grow into 成长为，长大到能穿着，变得成熟、有经验

seem 似乎，像是，装作

play 游戏，扮演，演奏，播放，同……比赛

act as 充当……，担任……，担当……，扮演

function as 充当……，起……作用

serve as 作为……，充当……，起……作用，用作………

5. 例证

exemplify 例证，例示

illustrate 阐明，举例说明；图解

6. 解释

mean 用意，意味着，意欲，引起，严肃地说，意义重大，预示

indicate 表明，指出，预示，象征

suggest 提议，建议；启发；使人想起；显示；暗示

imply 意味，暗示，隐含

show 显示，说明，演出，展出

betoken 预示，显示

mark 标志，做标记于，打分数

reflect 反映；反射，照出；表达；显示；反省

equal 等于，比得上

add up to 合计，合计达……，总计，总计是……

compromise 违背（原则），达不到（标准）

feature 以……为特色，由……主演

include 包含，包括

represent 代表，表现，描绘，回忆，再赠送

constitute 组成，构成；建立；任命

form 构成，组成；排列，组织；产生，塑造

express 表达，快递

signify 表示，意味，预示

realize 实现，认识到，了解

spell 拼成，意味着，具有……的显著特征，导致

stand for 代表，支持，象征

elect 选举，选择，决定（做某事）

choose 选择，决定

name 命名，任命，指定，称呼，提名

term 把……叫作

7. 添加

complement 补足，补助

accompany 陪伴，伴随

8. 变化

　　中性：have … effect on 对……有影响

　　　　　increase 增加

　　　　　decrease 减少

　　积极：open up opportunity (for sb. to do sth.) 带来机遇

　　　　　strengthen: ~ relationship or tie 增进关系或联系

　　　　　　　　　　~ resolve 增强决心

　　　　　　　　　　~ laws or measures 加大（法律、措施）

　　　　　　　　　　~ position 巩固（地位）

　　　　　enhance: ~ value, quality, or attractiveness 提高，增进，增加（价值、质量或吸引力）

　　　　　boost: ~ confidence, morale 增强，提高（信心或士气）

　　　　　　　　~ economy 促进经济发展

　　　　　　　　~ sales 增加销售量

　　　　　build up: 逐步建立，增进（confidence、reputation 等）

　　　　　promote: 促进，增进，提倡（economic growth, mutual understanding, awareness of environmental protection）

　　　　　accelerate: （使）加快，（使）增速（development）

　　　　　alleviate: 减轻，缓解（pain、suffering、poverty 等令人不愉快的情形）

　　　　　relieve: 缓和，缓解，减轻，解除（pain, suffering, symptom, pressure, anxiety, guilt, stress）

　　　　　eliminate: 消除，剔除，根除（尤指不需要之物）（risk, discrimination, loss, poverty）

　　消极：pose a threat to sth. 构成威胁

　　　　　sth. does not make sense 没有道理，不合理

　　　　　sb. fall victim/prey to 成为受害者、牺牲品

　　　　　disturb: ~ sb. 干扰，妨碍；使焦虑，使不安

　　　　　　　　　~ a situation or atmosphere 干扰、破坏（形势、氛围）

　　　　　　　　　~ peace 扰乱治安

abuse sth. 滥用，妄用（power, position, laws and regulations）

sth. plague sb. 困扰，使烦恼，折磨

put sb. in dilemma 使……处于困境、进退维谷的境地

hinder 阻碍，妨碍，阻止（progress, development, productivity）

undermine (feeling, system; sb. or sb.'s position or authority; one's effort or chances of doing sth.) 削弱，损害

ruin 摧毁，严重损害 (e.g. ~ health, construction, confidence)

9. 时空

1）时间

follow 跟随，遵循，接着

precede 领先，在……之前

last 持续，继续任职，存活；(供给、资源) 足够 (某人) 用一段时间

take 耗费（时间等）

date (from) 确定……年代，追溯到，始于，起源于

range from…to… 从……到……

predate 在日期上早于（先于）

anticipate 预料，预期；预见，预计（并做准备）；先于……做，早于……行动；在期限内履行（义务），偿还（债务）；提前使用

co-occur with 共存，并发

take up 占去，开始从事

2）空间

run 延伸，伸展

extend from…to… 从……延伸到……

reach 抵达，伸出

cross 渡过，使相交

circle 画圆圈，环绕……移动

follow 跟随，遵循，接着

cover 涉及，行走（一段路程）

span 跨越，持续，以手指测量

extend over 延续，传开，分散

dominate 控制，支配，占优势，在……中占主要地位

face 面对，面向

overlook 俯瞰，远眺

10. 象征

signify/signal 表示，意味，预示 / 标志，用信号通知

mark 标志，做标记于，打分数

symbolize 象征，用符号表现

express 表达

realize 实现，认识到

spell 意味着，招致（常常是不愉快的结果）

stand for 代表，支持，象征

mean 用意，意味着，意欲，引起，严肃地说，意义重大，预示

11. 投射（使了解 / 思考）

suggest sth./ that, it is suggested that 表明，显示

prove 证明，检验，显示

imply sth. / that 暗指，暗示

expose 使暴露，使显露

reveal sth./ that, it is revealed that 显示，表明

indicate sth/ that, it is indicated that 表明，说明

reflect 反映，表现，显示（attitude, situation）

show that 显示，表明，证明

demonstrate 证明，论证，表明，说明 (~sth., that)

illustrate 表明，说明，证明

12. 方式

sth. compare favorably/unfavorably with another 与……相媲美 / 与……相比更有利；比不上……

one thing outweighs another（在重要性、益处、意义上）重于，大于，超过

sb./sth. be inferior/superior to sb./sth. ……比……弱 / 强

附录 12：学生的写作文本

样本（1）

With the inevitable and undeniable progression of economy, the phenomenon of young generation working in prosperous city is increasing rapidly. On account of this phenomenon, serious considerations should be given by whole society toward what workable solutions can be adopted to this issue.

Young generation is leaving their hometown to the big city for seeking livelihood. It is harmful to their old parents, depriving them of being properly concerned both physically and spiritually in their later life.

Undoubtedly, solving the physical health problems is social's first priority. It is of great necessity for governments to build up the on-site medical insurance reimbursement system. The establishment of community nursing service is also of vital importance to their physical health. Secondly, parents should have access to considerate care, so offsprings are supposed to attend to the physical needs of the elderly. Then, in consideration of the elderly's inconvenient movement, investment of enterprises to developing technology for elderly care facility is surely worthy. In addition, the close contact between offsprings and parents is required to contribute to diminishing the mental health problems of old parents. So, to provide emotional support for the elderly, young generation should visit them frequently and closely.

Implementing all solutions thoroughly still need times, nonetheless, I am a firm believer that with the extensive application of above-mentioned solutions, old parents will ultimately get care and love what they deserve.

（学生 C4S2 在句内名词化研究阶段所产出的写作文本。）

样本（2）

Leaving hometown for the urban becomes more and more popular with the development of economy, and this popularity increases the number of the empty nesters. These is no doubt that children play a significant role in elder's physical health and mental health. Thus, enough concern must be paid to this problem.

Considerable and effective assistance is no time to delay. First and foremost, as far as governments is concerned, the access to the on-site medical insurance and the investment of more funds to build the local or community nursing home should be offered by them. Meanwhile, offspring ought to take responsibility to attend to the physical needs of the elderly and contact them frequently. This contact will give the elderly a hand to face the death and loneliness. Last but not least, the development of the technologies for elderly care facilities is an essential solution.

Great writer Maxim Gorky describe parents like this way, "All the glory and pride in the world comes from the parents." Parents give them love to us and teach us become a better man, so sparing no efforts to finish off the issue is not only the governments' or enterprises' duty but everyone's. Give them a worm and will-being later life form now on. If not you, who? If not now, when?

（学生 NS13 在句间名词化研究阶段所产出的写作文本。）